이것이 골프 경영이다

**EVERYTHING I LEARNED ABOUT PEOPLE,
I LEARNED FROM A ROUND OF GOLF,
1st Edition by ANDRISANI, JOHN.**

published by Pearson Education, Inc, publishing as Alpha.
Copyright © 2002 by John Andrisani
All rights reserved

Korean language edition by BIG TREE PUBLISHING CO.,
Copyrights © 2002 by Big Tree Publishing Co.
This translation is published by arrangement with Pearson Education, Inc.
through Imprima Korea Agency

이 책의 한국어판 저작권은 Imprima Korea Agency를 통해
Pearson Education, Inc.와의 독점 계약으로 큰나무에 있습니다.
저작권법에 의해 한국 내에서 보호를 받는 저작물이므로
무단 전재와 무단 복제를 금합니다.

이것이 골프 경영이다

존 안드리사니 지음 | 한정은 옮김

한정은

경북대학교 영어영문학과를 졸업하고,
한국외국어대학교 통역번역대학원 중국어과 졸업.
국제회의 통역사, 통역번역대학원 BK21사업단 연구부의 연구원으로
활동 중이다. 역서로는 〈퍼팅 바이블〉〈스윙 바이블〉〈중국 상도〉와
한국일보사의 〈월간 골프매거진〉 등이 있다.

이것이 골프 경영이다

초판 1쇄 인쇄 | 2002년 10월 30일
초판 1쇄 발행 | 2002년 11월 5일

지은이 | 존 안드리사니
옮긴이 | 한정은

펴낸이 | 한익수
펴낸곳 | 도서출판 큰나무

편집 | 유연화, 성효영
관리 | 조은정
마케팅 | 한성호

등록 | 1993년 11월 30일(제5-396호)
주소 | 120-837 서울시 서대문구 충정로 3가 3-95 2층
전화 | (02) 365-1845~6
팩스 | (02) 365-1847

이메일 | btreepub@chollian.net
홈페이지 | www.bigtreepub.co.kr

값 8,500원
ISBN 89-7891-145-5 03320

그 날 하루가 끝날 무렵
카드에 기록된 숫자를 합산하는 것만이
스코어 기록이 아니라는 것을 알고 있는
이 세상의 모든 유능한 골퍼들에게 이 책을 바친다.
사람을 읽고 코스에서 적극적인 관계—스코어—를
만들기 위한 지능적인 전략은
확고한 비즈니스 관계, 애정과 지속적인 우정을
유지 발전시키는 비결이다.

| 감사의 글 |

 사람 읽기의 개념을 골프에 접목시키려는 나의 의도를 이해하고 책으로의 출간을 돕기 위해 알파북스 출판사의 리테 일메 씨를 소개해 준 스코트 왁스만 부인에게 감사 드린다. 왁스만 부인의 도움에 힘입어 나는 골프를 통해 새로운 친구를 사귀고 놀라운 비즈니스 협력을 이끌어 내기 위해 정말로 알아야 할 것을 가르쳐 주는 실용적인 지침서를 만들 수 있었다. 뿐만 아니라 그녀는 독창적으로 내용을 이끌어 갈 수 있도록 나에게 이루 말할 수 없는 도움을 주었다.
 뉴욕 롱아일랜드에서 성장기를 보내는 동안 내게 골프를 처음 가르쳐 준 이웃, 패트릭 오쉬어에게 고마움을 전한다. 조언과 시를 통해 나에게 감수성을 가르쳐 주셨던 나의 어머니와 나에게 운동신경

을 물려주신 나의 아버지께도 감사를 드린다. 이분들이 있었기에, 나는 소년에서 프로 골퍼로 성장할 수 있었고, 벨포트 컨트리클럽의 회원이 되어 캐디로 일하기도 했으며, 직접 플레이를 하기도 하고, 사람 기술과 골프 기술 사이에서 연관성을 발견할 수가 있었다.

내가 어떤 사람인지 잘 알고 있고, 나의 사람 읽기 기술을 코스에서 '스코어'를 만드는 것에 적용하도록 도와 준 샌디 빌라스, 그녀는 친절하게도 이 책의 머리말을 써 주었다. 그녀는 베스트 셀러 〈파워 네트워킹(Power Networking)〉의 저자이자 비즈니스와 개인 자산 관리 컨설팅 회사 Coach U의 CEO이다.

이 책이 전문성을 지닌 책으로 태어날 수 있도록 해 준 알파북스의 편집자, 아티스트 그리고 그 외 모든 분들께 감사를 드린다.

존 안드리사니

| 서문 |

"사람 읽기란 실제로 일어나고 있는 일에 대해 감각을 열어 놓는 것이며, 이런 통찰력을 자신에게 유리하게 이용될 수 있는 명백한 증거로 전환하는 것에 관한 문제다." — 마크 맥코맥 〈하버드 비즈니스 스쿨에서 가르쳐 주지 않는 것 (What They Don't Teach You at Harvard Business School)〉에서.

〈이것이 골프 경영이다〉는 당신이 서점 한쪽에 자리잡은 골프 서적 코너에서 흔히 보아 왔던 그런 책이 아니다. 이 책은 가르침을 주려는 것도 자서전적으로 서술한 것도, 역사적으로 기술한 것도 아니다. 이보다는 골프를 하기 전이나 하는 동안 그리고 골프를 한 후에 상대방을 관찰함으로써, 당신이 함께 골프를 하는 사람들을 ─ 새로 알게 된 친구에서부터 잠재적인 고객에 이르기까지 ─ 분석하고 그들의 진정한 성격을 가늠하는 방법을 배울 수 있는 지침서이다. 예를 들어, 겉으로 보기에 예의바른 고객이 샷을 잘못한 후에 돌연 클럽을 내던진다면, 이것은 그의 사업이 예측할 수 없는 상황에 놓여 있다는 것을 말해 주는 신호이다. 당신이 최근에 알게 된 사람이 형편없는 플레이를 한 후에 미안해 하는 말을 연발한다면, 이것은 그가 확신에 차 있지 못하고 쉽게 동요한다는 것을 말해 주는 것이다. 또한 19번 홀에서는 무엇을 알 수 있을까? 클럽에 있는 레스토랑에서 당신의 플레이 파트너가 음식을 주문하는 태도, 주문하는 음식 그리고 여러 가지 행동들 속에서, 당신은 그와 함께 점심을 먹는 것 이상으로 귀중한 골프 라운딩을 할 수 있다.

거래처 사람들, 직장 동료들, 친구들, 고객들 그리고 여러 분야의 사람들과 골프를 하는 것은 인간관계 형성, 정보 입수, 거래 성사 그리고 사람들과 교제하는 중요한 방법이다. 골프의 세계에서 얻은 오랜 경험과 수년 동안 골퍼들을 관찰해 온 바에 근거하여, 나는 당신에게 함께 골프를 하는 상대방의 내적인 사고 흐름을 추적하고 그들의 행동이 무엇을 의미하는지 이해할 수 있는 사람 읽기 비결을 말하려 한다. 그들을 골프에 초대하기 위해 수화기를 드는 순간부터 그들을 평가하는 방법에 이르기까지 모든 것을 말해 줄 것이다. 그리고 골프를 하면서 그들을 평가하고 라운딩을 마친 후 함께 시간을 보내는 방법에 관해 설명할 것이다.

그와 함께 외출하는 것과 그와 함께 사는 것은 분명 다르다. 언제나 그가 지닌 장점들을 존경해 왔지만 약속 시간에 늘 늦게 나타나는 단점을 양해해야 할 친구와 함께 사업을 하는 것도 마찬가지 원리이다. 사업에서, 그가 아무도 모르게 일을 처리하고 제대로 해내지 못하는 것을 눈감아 준다면, 이는 재정 파산으로 가는 지름길이라는 것을 당신은 알고 있다. 이 책은 사람을 대하는 기술, 특히 고객을 읽고, 거래의 방향을 바꿔 놓고 거래를 성사시키는 방법을 알아 가는 획기적인 과정을 제시한다. 또한 승자와 패자 사이에 어떠한 차이가 있는지 그 개념을 정의하는 방법을 제시함으로써, 개인적인 삶에서 올바른 결정을 내리고 자신에게 유익한 사람들과 세상을 즐겁게 살아가도록 도와 줄 것이다.

너나 할 것 없이 허리끈을 동여매고 노력하는 요즘의 상황 속에서, 실수를 할 여유 같은 것은 없다. 불편해지는 관계와 내리막을 걷는 비즈니스 등 마음의 상처와 재정적인 압박을 참아 내기는 참으로 어려운 일이다. 이 책은 당신에게 사람을 정확하게 읽음으로써 잘못된 판단을 내릴 가능성을 줄이자는 데에 목적이 있다. 당신은 이기는 쪽에 내기를 건 사람과 지는 쪽에 내기를 건 사람 사이의 차이를 알게 될 것이다.

내가 이렇게 말하는 이유는 〈이것이 골프 경영이다〉에서, 상식적인 관계를 형성할 사람을 선택할 시점이 되었을 때 이를 신중하게 처리할 수 있는 방법을 설명해 주기 때문이다. 또한 나는 당신으로 하여금 성격의 벽이란 무엇인지 개념을 규정하고, 이를 제거함으로써 타협을 이끌어 내는 데 주의를 집중할 수 있는 확신을 심어 주고자 한다.

포커를 해 본 적이 있다면, 사람들이 콜을 부를 때 하는 신체적인 행동(즉, 시선의 움직임과 목소리)을 통해 그들의 생각을 읽는 것이 얼마나 재미있는 일인지 알 것이다. 확신컨대, 골프 코스에서의 숨바꼭질 놀이는 그 재미가 훨씬 더 크다.—상대의 진정한 색깔을 구별하고, 전쟁터의 지휘관처럼 행동하며 승리할 수 있도록 해 줄 전략과 대책을 마련한다면 말이다.

〈이것이 골프 경영이다〉는 당신에게 어떻게 행동해야 하는지 말해 줌으로써 첫발을 잘 내딛는 방법을 가르쳐 준다.—골프 게임을 하기 전에, 골프 게임을 하는 동안에, 그리고 골프 게임을 한 후에. 하지만, 이것은 결코 에티켓에 관한 책이 아니다. 내가 이렇게 말하는 이유는 이 책에 담긴 '행동'에 관한 조언은 기본적인 수준 이상이기 때문이다. 여기에서 제안하는 전략과 상대방의 장점을 파악하는 방법을 통해, 당신은 고객의 가치나 친구의 신뢰성을 더욱 정확하게 평가할 수 있는 비결을 발견할 것이다.

이 책을 읽는 동안 당신은 다른 사람과의 비즈니스 관계에서 올바른 결정을 내림으로써 자신의 재정 상태를 개선시키는 문제에 관해 더욱 진지하게 생각하게 될지 모른다. 비즈니스에 관련될 때 이것은 바람직한 신호다. "모든 악의 근원은 돈이 아니라, 돈이 부족한데 있다."라고 한 조지 버나드 쇼의 말은 옳았다. 이 책은 틀림없이 당신이 성공할 수 있도록 도와 주겠지만, 노력이 없이는 안 된다. 당신은 사람들을 읽는 나의 비결을 읽어야 하며, 그리고 여기에서 제시하는 최선의 전략을 실제로 적용해야 한다.

골프를 통해 자신의 삶을 개선시키고자 이 책을 읽고 있다면, 그것도 괜찮은 일이다. 비즈니스 이외의 관계에 관한 문제가 될 때, 나는 모든 악의 근원은 사랑이 아니라 사랑이 부족한 데 있다고 말하고 싶다. 이 책을 다 읽은 후 골프 코스를 당신의 새로운 만남의 장소로 만들자. 이곳에서 당신은 새로운 친구가 될 수 있는 잠재적인 중요성이 큰 그에 관해 많은 것을 배울 수 있다. 단 한 차례의 라운딩에서, 누군가에 대한 당신의 판단이 옳았는지 아니면 그릇되었는지 알 수 있을 것이라고 나는 약속한다.

이 책을 통해 당신은 다른 수많은 사람들이 자가당착에 빠져 있는 골프로부터 성공을 향한 길로 한 발 다가섰다. 제각기 다른 인생을 걸어온 사람들이 골프를 하지만, 충분한 지식을 갖고 있지 못함으로 인해, 재정적으로 혹은 개인적으로 성장할 수 있도록 도와 줄 누군가를 만나지 못하고 있다. 이 책은 인생에 적용될 수 있는 골프 코스를 지혜롭게 이용하는 기술을 가르쳐 주고, 앞으로 더 이상 운명의 결정만을 기다리는 일이 없도록 해 줄 최초의 지침서이다. 나는 골프 코스에서 성공을 발견할 수 있는 도구를 당신에게 제시하고 있는 것이다. 이제, 시도해 보도록 하자!

코스에서 '스코어'를 내도록 돕기 위해, 이 책은 당신에게 다른 사람을 주의 깊게 관찰할 실마리를 제시하고, 제대로 길을 잡아 나가도록 해 줄 것이다. 예를 들면, 중요한 골프 약속이 있기 전날 저녁에 준비를 하는 경우, 당신은 자명종을 맞춰 놓고, 클럽을 깨끗이 닦으면서 세어 보고, 적당한 옷차림을 준비하고 그리고 당신의 목적을 마음속으로 그려 볼 것이다.

당신은 이런 준비를 통해 제시간에 클럽에 도착하여 준비함으로써, 상대방에게 좋은 인상을 심어 주고, 코스에서 최상의 샷을 구사하고, 원하는 바를 성취할 수 있는 기회를 갖게 된다. 만약 당신이 초대한 고객이 이런 것들을 제대로 하지 못했다면, 이것은 즉석에서 당신에게 유리한 상황을 가져다 줄 것이다. 〈이것이 골프 경영이다〉는 사람 읽기에 관한 귀중한 정보를 제공해 줄 뿐 아니라, 당신이 계획을 수립하고 배운 것을 실제로 이용할 수 있도록 도와 준다. 나는 당신에게 사람의 장점과 단점을 꿰뚫어 보는 방법을 보여 주고 싶다.

이외에도 당신이 플레이 파트너를 제대로 읽었는지 확인하기 위해, 이 책의 끝부분에 여분의 장을 마련했다. 관찰한 내용, 개인적인 신상에 관한 자세한 사항, 그리고 고객이 좋아하는 와인, 향수, 담배, 골프 클럽 그리고 기타 고객의 취향을 기록하는 데 별첨한 페이지를 이용하자. 이렇게 하여 당신은 링크에서 사람을 보고 배우는 습관을 기르게 될 것이다.

| 본문을 열며 |

나의 친구이자 골프 파트너인 존 안드리사니가 〈이것이 골프 경영이다〉를 집필하고 있다는 말을 했을 때, 나는 몹시 흥분한 나머지 이 책이 출판되기 전에 먼저 완성된 원고를 읽고 싶어 안달했다.

존은 일찍이 여러 나라의 클럽에서 골프를 가르친 적이 있었는데, 이런 경험을 바탕으로 그는 한 개인으로서의 사람을 읽을 수 있게 되었다. 아마추어 골퍼 자격을 얻은 후에도, 〈골프 매거진(GOLF Magazine)〉에서 골프지도 부문 편집장으로 일하면서 최고의 골프 강사와 투어 프로들과 함께 플레이를 했다. 1982년부터 1998년까지 한동안 골프를 손에서 놓았던 시절에도 그리고 오늘날까지도, 그는 코스와 클럽에서 많은 유쾌한 일들을 해 오고 있다.

지금 당신이 들고 있는 이 책을 읽어 보면 알 수 있듯이, 그는 이런 모든 경험을 통해 인간의 성격—좋은 성격, 나쁜 성격 그리고 추한 성격—에 관한 강력한 데이터베이스를 구축했고, 마침내 사람을 쉽게 파악할 수 있게 되었다.

이 책을 재미있게 읽어 내려가도록 만드는 힘은 당신이 함께 플레이하고 있는 상대방의 특징적인 행동들을 인식하게 된다는 데 있지만, 이제 당신은 그들의 말과 몸짓 뒤에 숨은 진실을 이해하는 법을 배우고, 진행되고 있는 게임보다 한발 앞서 게임을 이끌어 나갈 수 있게 된다.

존의 책을 읽기 전까지만 해도 나는 어느 정도까지 사람을 분석할 수 있는지, 게임 이전과 게임을 하는 동안, 그리고 그 후에 상대방에 대해 이토록 많은 것을 알 수 있게 되리라고는 생각조차 못했다. 나의 말을 믿어 주기 바란다. 지그먼트 프로이드가 이 책을 읽는다면, 그는 자신의 경쟁자, 고객 그리고 친구에 대해 정말로 알 필요가 있는 것을 알 수 있도록 해 줄 이 실질적인 지침서를 뿌듯하게 생각할 것이다.

나는 베스트셀러 도서로 선정된 〈파워 네트워킹〉의 작가이자 Coach U(전 세계에서 가장 큰 트레이닝 회사)의 CEO이며, 그린에서 추방되어 마땅할 골퍼다. 지금까지 나는 필드는 사람을 만나기에 가장 적합한 장소라고 생각해 왔다. 사실, 오랫동안 이곳은 내게 제

2의 사무실이나 다름없었다.―천재적인 부동산 사업가 도날드 트럼프, 스포츠 매니지먼트의 거물 마크 맥코맥, 영화배우 잭 니콜슨과 셔릴 래드 그리고 PGA투어 프로이자 사업가 그레그 노먼 같은 성공한 모든 경영인 골퍼들이 그래 왔던 것처럼 말이다.

고객을 관찰하고 그들을 자신의 뜻대로 움직이도록 만들기 위해 영리하고 경험이 많은 골퍼들은 19번 홀을 가장 강력한 '기지'로 활용해 왔다. 나는 여러 가지로 다양하게 기지를 활용해야 한다는 저자의 말에 동의한다.―라운딩을 하기 전과 라운딩을 하는 동안에 눈으로 보고, 귀로 듣고 배우며, 함께 카트를 타고 이동하면서 관계를 모색하기 위한 노력을 멈추지 않는 것이다.

〈이것이 골프 경영이다〉에서 저자는 비즈니스나 인간관계를 형성할 수 있는 새로운 방법을 갈구하던 골퍼들의 가려운 부분을 정확하게 짚어 냈다. 노련한 개인 코치로서, 나는 이 책을 읽기 전까지만 해도 사람을 평가함에 있어 스스로를 누구 못지 않은 전문가라고 생각했다.

이 책은 골프를 비즈니스에 활용한다는 측면에서, 상대방의 수입 정도와 지위 등을 다양하게 분류하라고 가르친다. 또한 골프에 초대한 측과 초대받은 측에 대한 통찰력에 입각하여, 접대 골퍼에 임하는 심층적인 분석을 포함하고 있다. 저자는 골프 코스에서 지적이면서도 세련된 방식으로 비즈니스 관계를 형성하는 기술에 관해 설명하고 있다. 저자 자신의 오랜 경험으로부터 올바른 각도에서 —직접 혹은 간접적으로 그리고 정직하게—일을 처리하는 법을 배웠던 것이다.

골프를 너무나 잘 알고 있는 사람으로서 저자는 골프를 성공적인 비즈니스 도구로 활용함에 있어 보이지 않는 혼란과 두려움의 껍질을 최초로 벗겨 버리는 데에 집필의 목적을 두고 있다. 한 치의 실수도 없이 그는 접대 골프라는 이해관계가 걸린 게임에서 어떻게 승리할 것인가에 관해 조목조목 훌륭하게 설명하고 있다.

〈이것이 골프 경영이다〉는 코스에서 사람들과 어떻게 어울리고, 행동하며 그리고 어떻게 반응해야 하는가를 배울 수 있는 훌륭한 통찰력을 제공해 주며, 이만한 책은 어디에도 없다고 자신한다. 이 책은 접대 골프에서 해야 할 것과 하지 말아야 할 것을 보여주고, 골프가 상류 비즈니스맨들 사이에서 실제로 어떤 역할을 하는가에 관한 신뢰할 만한 조언으로 말미를 맺고 있다. 이 책을 읽은 후, 당신은 비즈니스 이상의 중요한 무엇이 숨어 있는 '야외 사무실'에서 '사람 게임'에 관한 규칙을 확실히 이해하게 될 것이다.

당신이 대기업의 CEO이든 소규모 사업을 경영하든, 제대로 책을 선택한 것이다.—당신 자신은 물론이고 당신의 회사에 고용된 직원들을 위해서도. 직원들에게 전국에 있는 여러 코스에서 일일 골프 참가 프로그램을 마련하는 기업이 많이 있다.—이것은 잠재적인 고객과 플레이하는 가운데 비즈니스 관계를 형성할 수 있도록 하자는 취지이다.

몇 시간에 걸친 코스에서의 유쾌하고 지적인 교류, 살아가는 이야기 그리고 19번 홀에서 간단히 술을 곁들인 가운데 나누는 사업상의 대화, 중요한 사업 정보 교환, 그리고 다음 골프 약속을 정하는 것 등이 하루의 일정에 포함되어 있다. 하지만 대개의 경우 원하는 결과를 가져오지 못하고 있다. 그 이유는 많은 골퍼들이 비즈니스 골프와 사람 읽기에 대한 실마리를 찾지 못하고 있기 때문이다. 이 책은 직원들로 하여금 코스에서 어떻게 행동하고 관계를 형성하는지 그리고 새로운 비즈니스 관계를 통한 이윤 창출을 이룩하는 방법을 깨우쳐 준다는 점에서, 결과적으로 직원 교육 지침서이기도 하다.

〈이것이 골프 경영이다〉는 또한 당신이 사람을 읽고 비즈니스라는 사다리를 올라가기 위해 그들을 이해하는 법을 배우는 것 이상의 부분에서도 도움이 된다. 이 책에서 배운 지식을 통해 좋은 친구, 인생의 파트너가 될 수 있는 상대를 골프를 통해 찾을 수 있도록 도움을 준다는 점에서 또한 특별하다. 실제로, 이 책은 당신을 무장시켜 필드로 데려가기 위해 없어서는 안 될 중요한 무기이며, 기존의 인간관계를 한층 돈독히 하거나, 노련한 상대방을 다루고 이길 수 있도록 무장하고 준비할 수 있게 하는 도구이다.

골프 코스는 이제 모두에게 인간 네트워크를 형성하는 최적의 장소가 되고 있다. 그리고 저자가 내놓는 제안과 방법을 철저히 따른다면, 당신은 분명 성공할 것이다.—당신이 누구건 간에 말이다. 당신이 고등학교 학생이라면, 코스에서 당신을 좋은 대학으로 이끌어 줄 수 있거나 졸업 후 주식중개인 교육 프로그램에 참여할 수 있도록 도와 줄 사람을 만날 수 있다. 당신이 집에서 쉬고 있다면, 수지맞는 일거리를 가져다 줄 수 있는 누군가를 만날 수 있다. 당신이 젊은 변호사라면, 자신의 로펌으로 당신을 스카웃하거나, 유력한 사람들과의 만남을 주선해 줄 수 있는 유능한 법률가를 만날 수 있다. 당신이 간호사라면, 최고의 병원에서 일자리를 얻도록 도와 줄 수 있는 의사를 만날 수도 있다. 좋은 기회는 얼마든지 있다.

링크에서 카드를 제대로만 활용한다면, 이는 윈-윈 게임이다. 〈이것이 골프 경영이다〉에서, 저자는 당신에게 자신의 역할을 하기 위해 무엇을 갖추어야 하는지를 분명히 제시해 주고 있다.

샌디 빌라스
(Coach U의 CEO, 〈파워 네트워킹〉 저자)

| 차례 |

- 감사의 글
- 서문
- 머리말

제1장 골프를 하기 전에

숙제 끝내기 29
게임 계획 세우기 36
준비하기 40
첫인상을 잡아라 46
능숙한 호스트가 되라 53
연습용 티를 이용하라 59
핸디캡 주기 62
티를 출발하기 전에 잠시 휴지기를 가져라 66
베일 벗기기 69

제2장 골프를 하는 동안 during the golf

첫 번째 티 숙제하기 76
코스에서의 규칙 위반에 대처하기 81
하프웨이 하우스 전략 93
통상적으로 범하기 쉬운 실수를 피하라 100
스코어 기록에 주의하라 107

제3장 골프가 끝난 후 after the golf

라운딩 후에 해야 할 일들 119
19홀 프로토콜 준수하기 123
작별을 위한 규칙 128
라운딩 후에 분석하기 130

■ 역자 후기

제 1 장
골프를 하기 전에

당신의 최우선 고려 대상은 플레이 파트너이다.

"인생은 만들어 가는 것이다."라는 말은 확실히 이 책의 첫 부분에 적합한 말이다. 골프 게임을 한다는 것은 제대로 된 계획과 일정 부분 위험을 감내할 것을 요구한다. 컨트리클럽이라는 전선에서 성공하기 위해, 당신을 골프에 초대한 사람에 대해 파악하기 위한 시간을 투자해야 한다. 그리고 자신 있게 플레이에 임하기 위해, 당신이 많은 것을 알고 싶어하는 그에게 전화를 걸어 함께 골프를 치자고 제안할 준비를 해야 한다. 이 단계에서, 나는 두 사람이 코스에 나가기 전부터 상대방을 읽는 방법을 가르쳐 줌으로써, 당신이 자신의 골프 경험을 성공으로 바꾸기 위한 기초를 다지도록 돕고 싶다.

라운드 이전 과정은 인내와 참을성을 요한다. 이 단계에서는 말하기보다는

많이 들어야 한다. 학창시절로 돌아가 당신의 마음을 빼앗았던 누군가에게 전화를 걸기 전에 망설이던 때를 회상해 보라. 그러면 내 말의 의미를 알게 될 것이다.

'전화'를 하기 전에, 당신은 그 사람에 대해 연구하고 어디에서 데이트를 할 것인가를 놓고 열심히 고민했을 것이다. 기껏 용기를 내어 수화기를 들었다가는 다이얼을 돌리던 손을 멈추고 수화기를 놓고 만다. 더 이상 잃을 것이 없다는 사실에 생각이 미치자 마침내 용기를 낸다. 일단 통화가 된 후, 데이트를 신청하는 말을 정신없이 하고는 대답을 기다리는 동안 심장이 두방망이질 친다. 데이트 신청이 받아들여진 후, 이번에는 좋은 인상을 주기 위해 어떤 옷을 입고 나가야 할지 걱정하기 시작한다. 어떤 데이트가 될 것인지 생각하느라 잔뜩 긴장한다. 데이트를 하는 날 밤, 영화를 보러 가거나 어떤 장소로 향하는 동안, 몇 마디 짤막한 대화가 필연적으로 오가고 손바닥에는 땀이 고인다. 영화를 보는 동안, 당신은 그 특별한 순간 신호를 기다린다. 기회가 왔다는 느낌이 들 때까지 상대가 하는 몸짓 하나, 말 한마디에 온 신경을 기울인다. 기회다 싶은 순간, 당신은 그녀를 포옹한다. 가로막고 있던 빗장을 부수고 이제 문을 열어제친다. 그리고 온전히 당신 자신이 된다.

골프도 데이트와 매우 흡사하다. 마음을 가라앉히고, 말을 꺼내고, 지속적인 비즈니스 협력이나 사회 관계를 만들어 가는 과정에서 내·외부적으로 가로놓인 빗장을 부수어야 하며, 목표에 도달하는 동안 주도권을 쥔 강한 모습을 보여 주어야 한다. 더 중요한 것은 당신이 상대의 요구를 이해할 만큼 강해

져야 한다는 것이며, 새로운 골프 친구가 당신이 로맨틱한 관심을 가지고 대하는 대상이라면 더욱 그렇다.

사람을 다루는 일에 있어, 그 대상이 비록 악마라 할지라도 당신이 잘 파악하고 있는 것이 모르고 있는 것보다 낫다는 것은 두말 할 나위가 없다. 처음으로 누군가를 만날 때 우리는 대개 다른 표정이나 얼굴을 한다. 성공으로 가는 지름길은―이 경우, 골프를 하기 전에―상대의 진정한 면모를 파악하는 것이다. 가려진 베일을 벗겨 내는 기술은 당신에게 적절한 때에 적절한 질문을 할 것을 요구한다. 게다가, 이는 상대의 대답을 주의 깊게 듣고, 그가 하는 동작을 하나도 놓치지 않고 세심하게 관찰할 것을 요구한다. 이런 분석적인 과정을 통해 당신은 상대방이 코스에서 어떻게 반응할 것인지 그리고 그를 이기기 위해 어떻게 적절한 대비책을 마련할 것인지 예측할 수가 있다.

최고가 되기 위한 실제로 검증된 전략은 2부 '골프를 하는 동안'에서 다루게 될 것이다. 지금 여기에서는 기초를 다지고 "모든 여정은 첫 걸음에서 시작된다."라는 중국 속담을 마음속에 간직하는 것이 중요하다.

나는 라운딩을 시작하기 전에 먼저 무엇이 다른지 차이를 생각하는 것에서부터 항상 출발했다. 편집장, 출판사 사장, 골프 교사 혹은 투어 프로와 플레이를 하게 될 것이라는 것을 알고, 나는 준비를 한다. 골프를 통해 비즈니스나 인간관계에서 성공하기 위해서는 먼저 해야 할 숙제를 끝마치고, 빈틈없이 게임 계획을 잡고, 시간과 장소를 정하기 위해 전화를 걸고, 그 전날 저녁 알맞게 준비를 갖추고, 필드에 도착해서는 좋은 첫인상을 주고, 능숙한 호스트가 되고, 예의바른 손님이 되고, 라운드가 있기 전 연습을 하는 동안 상대의 마음을 열 수 있는 비결을 알고 있어야 하고, 너무 지나치게 승부욕에 사로잡히지 않도록 주의한다. 그리고 티에 들어서기 전 잠시 동안의 휴식에서 인용할 만한 적절한 농담을 준비해야 한다.

게임이 시작되기 전에 이와 관련된 모든 것이 얼마나 중요한지 알고 이에 대해 충분히 생각해야 한다. 간단히 말해서, 당신은 이 일을 되는 대로 해치울 수는 없다는 것이다.

숙제 끝내기

오늘날 초(超)경쟁적인 환경은 인간관계나 비즈니스 관계 형성에 있어 특히 주의를 요한다. 문제를 자세히 들여다보면, 그 속에는 많은 위험성이 도사리고 있으며, 잘못된 전략을 행동으로 옮기느라 귀중한 시간을 낭비하고 싶어하는 사람은 아무도 없다. 실수는 당신을 단단한 우정, 유익한 비즈니스 협력 혹은 경제적인 성공으로 이끄는 것이 아니라 오히려 당신을 기회주의자나 사기꾼으로 인식되도록 만들 수 있다. 따라서 새로 알게 된 누군가와 골프를 하기 전에, 당신이 초대한 사람이 어떤 인물인지 미리 세밀하게 평가해 보아야 한다.―당신 자신의 입장에서 빈틈없는 연구를 하는 것은 물론이고, 다른 사람들의 통찰력을 이용해야 한다.

친구나 이미 잘 알고 있는 사람과 플레이하는 것과 이전에 한번도 만난 적이 없는 X라는 인물과 플레이하는 것은 별개의 일이다. 연구 작업에 돌입하여 그 '미스테리 인물'에 대해 일찌감치 읽어 두어야 한다. 함께 플레이할 사람을 파악하기 위해 친구에게 전화를 걸고, 업무상 잘 알고 있는 누군가에게 팩스를 띄우고, 몇 가지 질문을 간단히 메모하고 그리고 이메일을 띄운다. 당신이 골프에 초대를 받았건 아니면 상대방을 골프에 초대했건 간에 그것은 그리 중요하지 않다. 상대방의 성격적인 특징과 골프 실력에 대해 가능한 진지하게 파악함으로써, 이를 시각적인 그림으로 만들고 그에게 가장 좋은 인상을 줄 수 있는 방법을 미리 생각한다. 이렇게 하지 않으면, 확실한 비즈니스나 사회적인 관계가 형성될 수 있는 기회를 날려 버릴 수 있다.

상대방의 핸디캡에 관해 질문을 할 때, 상대가 그 핸디로 플레이 할 것인지를 먼저 알아야 한다. 당신의 목표는 그가 자신의 핸디보다 훨씬 낮은 스코어를 내는 노련한 골퍼인지 아니면 자신의 핸디보다 훨씬 높은 스코어를 내는 서툰 골퍼인지를 미리 알고 그에 대비하기 위한 비밀스러운 정보를 충분히 획득하는 것이다.

당신이 골프 게임을 준비한 이유가 비즈니스 때문이라면, 상대방에 대한 평판을 알아내기 위해 어느 정도는 탐정이 되어야 할 필요가 있다. 골프 게임을 통해 당신 스스로 판단을 내리겠지만, 상대방이 자신의 생각만을 고집하는 사람인지 아니면 함께 발전하자는 당신의 제안에 귀를 기울일 만큼 마음이 열린 사람으로 평가받는 사람인지 미리 파악할 필요가 있다.

친구나 상대방의 업무 협력자들로부터 당신의 새로운 골프 파트너에 대한 통찰력을 입수함에 있어, 영화 대부에서 주인공이 했던 충고를 기억하기 바란다.

"믿을 만한 사람을 써라."

예를 들어, 당신은 내성적이어서 겸연쩍어 하는 것과 겉으로 젠체하는 것 사이의 차이를 말해 줄 수 있는 사람이 필요할 것이다. 상황에 밝지 않은 사람으로부터 얻은 견해는 당신으로 하여금 어떤 사람에 대해 편견을 갖게 하고, 이로 인해 중대한 실수를 저지르게 만들 수도 있다. 게임을 하기 전에 조사 작업을 할 때도 불안하게 여기저기 기웃거리지 말고 신중하게 진행해야 한다. 나는 다른 사람들의 견해에 귀를 기울이기는 하지만 한편으로 모든 것을 곧이곧대로 믿지 않고 어느 정도 여지를 남겨 둔다. 이런 접근 태도를 취하지 않으면, 지나치게 자신감에 넘치거나 지나치게 의기소침해 지기 쉽다.

독자적이지만, 미완성의 사전 조사

당신이 함께 플레이하기로 계획된 사람이 그 분야에서 널리 알려진 인물이고, 그에게 골프 코스에서 호의적인 인상을 주고 싶다면, 게임을 하기 전에 먼저 책이나 잡지, 인터넷에서 그에 관련된 글을 찾아서 읽는다. 이런 준비 작업을 통해 그를 만났을 때 지적인 질문들을 할 수가 있다. 마찬가지로, 충분히 깊이 있게 파고들지 않으면, 내가 한 때 그랬던 것처럼 당신은 집착하게 되고, 방어적인 자세만을 취하게 된다.

몇 년 전 나는 롱아일랜드에 있는 가든 시티 골프 클럽에서 유명한 영화배우와 골프를 하기로 약속한 적이 있었다. 그를 만나기 전, 나는 그의 가장 친한 친구 가운데 레스토랑 경영자이자 요리에 관한 책을 저술하기도 했던 한 친구에게 전화를 걸었다. 우리의 골프 만남을 준비하기 위해, 그의 친구에게 많은 것을 물어 보았다. 그리고 그와 관련된 엄청나게 많은 기사들을 읽고, 그가 찍은 영화 가운데 내가 본 적이 없거나 적어도 들어본 적이 없는 영화가 한 편도 없을 정도로 그에 관해 훤히 파악했다. 내가 이토록 열심이었던 이유는 그의 자서전을 대필하는 일을 맡고 싶었기 때문이었다.

매치가 있던 날 아침, 그 배우의 리무진 승용차가 내가 묵고 있는 호텔로 왔고, 그 배우의 친구들이 기다리고 있는 곳으로 나를 데려갔다.

나는 그 유명 배우와 함께 뒷좌석에 나란히 앉았는데, 그때 나는 그가 골프나 영화에 관한 얘기를 꺼낼 것이라고 생각하고 있었다. 그런데 예상과 달리, 그는 월스트리트 저널을 꺼내더니 주식에 관해 얘기하기 시작했다. 반시간쯤 지난 후, 그는 운전기사에게 차를 세우고, 트렁크를 열어서, 자신이 듣고 싶은 CD를 틀게 했다. 나는 주식에 관한 대화에 보조를 맞추기 위해 속으로 안간힘을 썼다. 그런데 그가 다시 어떤 랩 그룹을 좋아하는지 물어 왔을 때, 나는 뭐라 대답할 말을 찾지 못해서 쩔쩔매야 했다.

내가 만약 이 친구가 랩 음악을 좋아한다는 것을 알았더라면, 사전에 랩 음악과 좀 친해져 놓음으로써 대화를 충분히 이끌어 나갈 수 있었을 것이다. 완벽하지 못한 사전 조사가 나에게 실패를 안겨 주었던 것이다. 나는 그에게 좋은 첫인상을 주지 못했다는 것을 느꼈고, 라운딩을 하는 동안, 그 배우도 줄곧 침묵을 지켰다. 라운드가 끝난 후, 그는 좀 풀어진 것같기는 했지만, 엉성한 출발이 지속적인 관계를 쌓아 갈 수 있었던 기회를 망쳐 놓고 말았다.

그가 만약 자신과 수준이 비슷한 사람과 둘이서 플레이한다면 이 역학적인 상황이 어떻게 바뀌었을까 생각해 볼 필요가 있다. 내가 비즈니스라는 각도에서 그와의 관계 발전에 적극적으로 임했다면, 그의 친구로 하여금 골프 계획을 잡도록 함으로써 상황을 조금은 바꿔 놓을 수 있었을 지도 모른다. 일 대 일 상황이 사람을 읽고 사적인 관계나 비즈니스 관계를 형성하는 데 더 효과적이다. 그리고 함께 이야기를 나눌 수 있는 기회도 분명히 더 많았을 것이다. 예를 들면, 카트 운전을 캐디가 아니라 내가 직접함으로써 그 배우와 함께 이동하며 자유롭게 대화를 나눌 수 있는 상황을 만들 수가 있다. 미리 계획을 제대로 세웠다면 상황이 달라질 수도 있었다는 것을 나는 처음으로 배우게 된 것이다.

대개 그렇듯이, 지나고 나서 말하기는 쉽다. 때로는 이 세상에서 할 수 있는 조사는 다 하더라도 여전히 관계를 만드는 데 실패할 경우도 있다. 하지만 적어도 나는 이 경우에 낡은 학습법을 채용했던 것이다.

그 시기가 언제이든 당신은 우연찮게 기분이 좋았던 게임에 관해 늘어놓고("나는 늘 운 좋게도 샷이 잘 들어가곤 했어요."), 멋진 차를 몰고 다니며, 비싼 시계를 착용하고, 부자 동네에서 살고, 고급 클럽 회원이며, 당신을 부자로 만들어 줄 수 있다고 말하는 사람과 우연찮게 만나게 될 것이다. 몇 번 만난 후에도, 당신은 여전히 그가 무슨 일을 하는 사람인지 정확하게 알아낼 수가 없다. 소위 그 '투자가'는 도시 내에서 벌어지는 일은 모르는 것이 없고 주식에서 채권, 와인, 다이아몬드에 이르기까지 모든 일에 손을 대고 있는 것 같다. 이제 당신에게 골프를 함께 하자는 초대를 한다. 사전 조사를 해 보았지만 아무 것도 알아 낼 수가 없었다면 당신은 어떻게 하겠는가? 어쩌면 그 사람이 실제로 그런 사람일 수도 있다. 그럼에도 불구하고, 현명한 사람이라면 게임 전에 그가 정말 그런 인물인지 알아보기 위해 체크를 해 볼 것이다.

드라이빙 레인지로 그를 초대한다.— "레인지에서 공도 치고 술도 한 잔 하는 게 어때요?" 만약 거절을 하거나 응했다가 약속을 연기한다면, 이것은 그가 무언가를 감추려 한다는 신호가 될 수 있다. 그가 약속 장소에 나타나서 공을 형편없이 치고, 양해를 구하는 말을 하기 시작한다면, 그는 당신이 생각하는 그런 사람이 아닐 가능성이 많다. 만약 그가 형편없는 샷을 하고 조언을 구한다면, 당신은 그를 좀더 진지하게 대해야 할 것이다.

게임에 앞서 의심스러운 인물에 대한 배경 조사가 결코 지나치게 과민한 태도라고는 생각하지 않는다. 게다가, 골프 코스는 사람 읽기에 최선을 다해야 할 장소이다. 최선을 다해야 한다고 말한 이상, 당신은 신중해야 한다.

2년 전에, 예술가를 사칭한 두 명의 사기꾼에게 사람들이 수백만 달러에 이르는 사기를 당하는 사건이 있었다. 한 사람은 자신은 록펠러 가의 일원이라고 말하면서 햄튼지방 일대를 돌아다녔으며, 다른 한 사람은 내가 살고 있는 플로리다 주 사라소타에 있는 컨트리클럽을 드나들었다. 이 두 수완가들이 그렇게 많은 돈을 가지고 유유히 도망칠 수 있었던 것은 사람들이 그들의 진위성에 대해 질문하기를 주저했기 때문이다.

똑같은 실수를 반복해서는 안 된다. 이상한 낌새가 든다면, 그에게 미끼를 던져 코스에서 거짓이 드러나도록 만들어야 한다. 죄책감 같은 것은 전혀 느낄 필요가 없다. 당신은 단지 자신을 보호하기 위해 지능적인 전략을 사용하는 것일 뿐이다.

게임 계획 세우기

골프 게임을 계획할 때, 이메일이나 팩스 뒤에 숨지 않는 것이 중요하다. 전화로 대화를 나누어야 한다. 상대방과 실제로 이야기를 나눌 때 그 사람을 훨씬 더 잘 읽을 수 있기 때문이다. 이렇게 말을 꺼냄으로써 공을 던져 보라. "우리 두 사람이 잘 알고 있는 친구 브라이언이 선생님께 골프를 함께 하자는 전화를 꼭 드려야 한다고 해서 연락을 드렸습니다." 아니면, 그와 만남을 가질 수 있는 기회를 만들어 그를 술자리나 저녁 식사에 초대한다. 어떤 방법을 선택하든, 초대하려는 상대방에게 적어도 일주일 전에 연락을 취하여 당신이 그와의 만남을 기대하고 있다고 느끼게 한다. 상대방에 대해 잘 알지 못하는 경우에는 특히 그렇다.

당신의 초대에 대한 대답을 기다릴 때, 가만히 잠자코 그가 어떻게 반응하는지 주의를 기울인다. 만약 그가 연거푸 사양을 한다면, 그를 포기해야 할지도 모른다. 솔직히 말하자면, 그는 전혀 관심이 없다. 이럴 땐 상대에게 술을 한잔하자는 제안을 함으로써 이런 예감을 시험해 본다.

그가 다시 "No."라고 말한다면, 당신은 그의 안중에 없다는 것을 뜻한다. 만약 그가 "Yes."라고 하긴 했지만, 당신이 함께 골프를 하자는 말을 한 후 제법 뜸을 들인 후에 이렇게 말했다면, 이것은 좋은 징조가 아니다. 잠깐 틈을 두고 "Yes."라고 말했다면, 이것은 긍정적인 신호이다.

일단 얼음을 깨고 게임 계획이 마련되었다면, 인생과 골프 문제에 관련된 몇 가지 기본적인 질문을 하는 것을 두려워해서는 안 된다. "핸디캡은 얼마나 되십니까?" 혹은 "부인께서 함께 라운드에 나오는 것을 좋아하시나요?" 같은 것이 좋은 예가 될 것이다. 이 즈음에서, 당신은 상대에게 당신이 어떤 사람인지를 알게 하면서 동시에 상대가 어떤 느낌을 주는 사람인지 주의를 기울인다. 또한, "전, 이 자리가 두 사람이 서로를 더 잘 알 수 있는 좋은 기회라고 생각합니다." 라든지 혹은 "자네가 관심을 가졌으면 하는 몇 가지 사업 구상이 있네."라는 말을 슬쩍 내비침으로써 드러내지 않은 동기가 있다는 암시를 준다. 현 위치에서 상대를 좀더 읽기 위해 그의 반응에 주의를 기울인다. 이외에도 그와의 골프 게임에 대한 대화를 통해 알게 된 내용을 메모해 둔다. 예를 들어, 그가 핸디캡을 이야기할 때 말을 더듬거린다든지 잠시 동안 골프를 하지 않았다는 말을 한다면, 당신은 지금 겸손해 할 줄 아는 꽤 괜찮은 골퍼와 마주하고 있다고 생각할 수 있다.

정말로 실력이 좋은 골퍼들은 자신을 잘 드러내지 않는 경향이 있다. 전형적으로 볼 때, 실력이 좋지 않은 골퍼들은 드러내 놓고 자기는 실력이 없다고 말한다. 나는 있는 그대로 자신을 나타내 보이는 것을 좋아한다. "전, 괜찮은 편이죠."라는 대답은 당신에게 연습을 하라고 말하는 신호이다. 이렇게 말하는 사람은 골프를 좋아하며 당신에게 멋진 매치를 선사해 줄 수 있는 사람이다.

어떤 사람이 어떻게 행동하고 플레이할 것인지에 관해 당신이 예상하고 메모해 두었던 글을 실제로 그가 코스에서 한 행동과 비교해 보면 아마 놀랄 것이다.

예정된 골프 게임이 있기 이틀이나 사흘 전에, 반드시 '계획을 확인하고자 하는 뜻의' 전화를 한다.

접근은 솔직하게 하라. 그리고 게임 계획을 세울 때 했던 것보다 훨씬 더 단도직입적으로 행동하라. 약속 시간을 확인하고 예정된 플레이 시간보다 약 한 시간 전에 도착하는 것이 좋겠다고 상대에게 말한다. 그가 길을 잃고 약속 시간에 늦은 데 대해 미안해 하는 일이 일어나지 않도록 클럽으로 오는 편리한 길을 말해 준다든지, 약도를 팩스로 보내 주고 클럽의 전화번호를 가르쳐 주는 것도 좋다. 그리고 소속 클럽의 복장 규정에 대해 알려 주는 것을 잊지 않도록 하며, 특히 스파이크가 없는 신발을 착용한다든지 버뮤다 반바지를 입도록 요구하는 규정이 있다면 반드시 알려 준다.

이전에 나는 뉴욕 브롱스빌에 있는 시설이 꽤나 좋은 컨트리클럽의 회원이었던 적이 있었다. 〈골프 매거진〉의 편집자 가운데 한 명을 골프에 초대했었는데, 그가 무릎에서 2인치 정도 더 올라가는 짧은 반바지를 입고 나타났다. 그때 게임 신호원이던 조니가 줄자를 가지고 왔다. 결론은 이렇다. "안드리사니 씨, 프로샵에 가셔서 당신의 고객을 위해 바지를 한 벌 사시면 좋겠습니다." 나는 그렇게 했다. 나는 이 규정을 이미 그에게 알려 주었기 때문에, 당황하여 출발부터 수세에 몰리는 상황에 놓인 사람은 내가 아니라 그였다.

준비하기

군대에서 통용되던 "소변보는 것도 계획을 잘 잡아야 제대로 된다."라는 오랜 경구는 게임을 하기 전날 저녁에도 그대로 적용된다. 계획은 꼼꼼할수록 좋다. 이렇게 함으로써 불안을 해소하고 자신감을 유발하기 때문이다. 게다가, 전쟁터에 나가는 군인처럼 준비를 한다는 것은 적극적인 상태를 유지하고 제어하며 그리고 코스에서 새로운 정보를 획득할 수 있는 준비를 갖추는 데 도움을 준다.

당신이 함께 플레이를 하는 사람으로부터 첫인상을 받는 것과 마찬가지로, 상대방도 당신에 대한 첫인상을 받는다. 만약 당신의 새로운 친구나 비즈니스 파트너가 시간에 늦게 나타나거나, 클럽을 제대로 갖추지 않은 채 도착하거나 혹은 골프를 하기에 적합하지 않은 복장을 하고 왔다면, 그것은 많은 것을 말해 준다. 하지만, 이는 오히려 당신이 더할 나위 없이 좋은 첫인상을 심어 줄 수 있는 적극적인 입장에 있음을 보장하는 잣대가 될 수 있다.

자명종을 맞추어라

예정된 게임이 있는 날 아침에 당신의 행동을 점검해 볼 수 있는 여유 시간을 낼 수 있도록 자명종을 맞추어 놓는다.

당신의 고객이 늦는다면, 이것은 그가 자신의 무책임함이나 그가 당신만큼 관계를 만드는 데 관심이 없다는 것을 보여 주는 신호이다. 그가 클럽으로 전화를 걸어 문제가 생겼다는 말을 하지 않았다면 더욱 그렇다.

클럽을 깨끗이 닦고 정돈하라

14개의 클럽을 갖추어라. 고객에게 좋은 인상을 심어 주려고 노력하고 있는 당신으로서는, 여분의 클럽이 든 가방을 잘못 가지고 집을 나서거나 드라이버나 퍼터 같은 없어서는 안 될 클럽을 빠뜨리는 일이 있어서는 안 된다.

또한, 클럽이 깨끗이 정돈되어 있는지 확인한다. 지저분한 클럽은 당신의 점수를 깎아 내리는 결과를 가져온다.

규칙에서 정한 개수보다 많은 클럽을 가지고 나타나는 골퍼는 불안정하거나 믿을 수 없는 사람일 가능성이 있다. 지저분한 클럽을 가지고 다니는 사람은 체계적이지 못하다. 따라서 그가 치약을 제

자리에 놓거나 사무실을 깨끗하게 정리하리라는 기대는 하지 않는 것이 좋다. 클럽을 빠뜨리고 나타나는 골퍼는 밝은 기질의 성향이긴 하지만 헌신적인 골퍼는 아닌 경향이 있다. 이런 사람은 골프 게임에 대해서보다는 자신의 비즈니스나 개인의 삶을 더 중요하게 생각하기 때문에 다른 사람의 말을 잘 들어주는 사람일 가능성이 있다.

옷차림에 주의하라

전날 밤에 다음날 입고 갈 옷을 준비하고 신발이 깨끗한지 확인한다. 이렇게 해 두면, 아침이 되었을 때 시간에 쫓기는 기분을 느끼지 않아도 되고 여유 있게 생각을 정리할 수 있다.

만일에 대비하여 수수한 옷차림을 고수하는 것이 안전하며, 프라이비트 클럽에 초대를 받은 경우에는 특히 그렇다.

당신의 클럽으로 상대를 초대하여 대접하는 경우, 색상이 약간 들어간 옷차림을 해도 괜찮다. 하지만 어떤 경우에도 화려한 옷차림은 피한다.

당신의 고객이 지나치게 유행을 쫓는 옷차림으로 클럽에 나타난다면, 그는 주관이 매우 확고한 사람이거나 반대로 주관이 희박한 사람이다. 그의 옷차림에 대해 농담을 던져 그를 떠본다. 그가 만약 웃기만 한다면, 그는 자신감에 차 있는 사람이라고 생각해도 좋다.

그렇지 않고, 방어적인 반응을 나타낸다면—혹은 불쾌해 하거나—그냥 농담을 한 것뿐이라고 말해 주는 것이 좋다. 하지만, 그가 감수성이 예민하고 불안정하다는 것을 메모해 놓는 것을 잊지 않는다.

마음속으로 자신의 목표를 그린다

골프 게임이 있기 전날 저녁, 30분 정도의 시간을 할애하여 계획을 몇 단계로 구분한다. 이렇게 함으로써 스스로를 적극적으로 만들고 자신감을 높일 수 있다. 자신이 무엇을 얻으려고 하는지 그리고 그 목표를 이루기 위한 방법이 무엇인지 정확하게 결정한다.

내가 〈골프 매거진〉 기술지도 편집위원으로 참여한 지 6년이 지난 1988년, 나는 ABC 스포츠 임원으로부터 웨스트체스터 컨트리 클럽에서 함께 골프를 하자는 초대를 받았다. 런던에서 골프 편집자로 일하느라 5년 동안 미국을 떠나 있었던 때였기 때문에, 나는 그의 이름을 들어본 적이 없었다. 그래서, 그의 초대 전화를 받고 게임을 하기로 약속한 그 몇 일 동안에 막바지 숙제를 해 두었어야만 했다. 내가 이렇게 말하는 이유는 코스에 도착해 그가 내게 미래의 계획에 관해 몇 가지 질문을 했을 때, 전혀 준비가 되어 있지 않았기 때문이었다.

미리 준비를 하고 계획을 세웠더라면, ABC TV 골프 해설위원으로 발탁되었을 수도 있었다는 것을 나는 그 후에야 깨달았다.

결과적으로 나는 새로운 지평선을 바라보지 못했다. 새로운 기회를 놓친 것이다. 분명 나는 텔레비전 일을 좋아했을 것이고, 그것은 내게 또 다른 기회를 가져왔을 것이다. 이 일이 내게 준 교훈은 예상치 않은 상황에 준비하라는 것이었다. 새로운 기회를 위한 마음의 눈을 뜨고 당신의 인생을 바꿔 놓을 수 있는 기회를 이용해야 한다.

몇 년 후, 비슷한 상황이 다시 나를 찾아 왔다. 타이거 우즈의 코치 부치 하몬을 플로리다 주 올란도에 있는 유명 클럽으로 초대했을 때였다. 나는 이번에는 기회를 단단히 부여잡았다.

전에 그를 만난 적이 없었지만, 골프 약속이 있기 전날 저녁, 나는 두 사람의 이름으로 골프 지도서를 내자고 제안을 하고, 그로부터 "Yes."라는 대답을 얻어내는 것을 목표로 정했다. 이 목표에 도달하는 가장 좋은 방법은 이랑을 따라 가지런히 씨를 뿌리는 것이라고 나는 생각했다. 내가 이미 세계적인 투어 프로와 최고의 골프 지도자들과 여러 권의 책을 펴낸 적이 있다는 것을 알리는 것이 확실한 방법일 터였다. 내가 스윙과 샷을 구성하는 요소들에 대해 잘 알고 있다는 것을 그에게 보여 줄 필요가 있었다.

나는 샷을 하면서 카트를 타고 이동하는 동안, 나의 경력, 골프 게임 그리고 책을 출판하는 데 따른 이점에 대해 열심히 이야기했다.

라운딩이 끝난 후, 19번 홀에서, 나는 부치에게 전설적인 골퍼 벤

호건뿐 아니라, 그의 아버지 클로드 하몬 씨로부터 그가 배웠던 골프 교습을 내용에 포함시켜야 한다고 말하면서, 내가 책을 어떻게 구상하고 있는지에 관해 설명했다. 나는 조사를 통해서 부치가 어린 시절에 벤 호건과 플레이를 한 적이 있다는 것을 알고 있었던 것이다.

부치는 우리가 〈이기는 골프를 위한 네 개의 초석(The Four Cornerstones of Winning Golf)〉이라고 이름을 붙인 책을 공동 작업하는 것에 동의했다. 후에, 우리는 〈부치 하몬과 함께 골프를(Playing Lessons with Butch Harmon)〉이라는 이름의 두 번째 책도 출간했다. 내가 부치에 관해 읽은 것은 정확했으며, 나의 전략은 적중했다.—우리 두 사람 모두에게 이익을 가져다 주었으니까.

첫인상을 잡아라

초대를 받아 손님으로 참석하건 아니면 손님을 초대하건, 첫인상은 매우 중요하다. 사람들의 옷매무새를 꼼꼼히 살펴보고, 몸짓을 연구하고 그리고 그들이 골프에 관해 어떻게 얘기하는지 귀기울여 듣는 것으로부터 그들에 대해 많은 것을 알아낼 수 있다는 나의 말을 부디 믿어 주기 바란다.

돈을 통해 분석한다

골프에 초대를 받아서 자기가 비용을 지불해야 할 때보다 기분 나쁜 일은 없다. 퍼블릭 코스나 프라이비트 코스에서 이런 일이 벌어질 수 있다. 어느 경우이건 이는 당혹스러운 일이다. 명쾌하게 일을 처리하도록 하자. 누군가를 골프에 초대했다면, 그 날의 비용은 당신이 지불한다. 왜냐하면 그렇게 하는 것이 결과적으로 '깔끔하기' 때문이다. 그가 자신의 클럽으로 당신을 초대할 경우, 모든 것을 그가 부담할 가능성이 얼마든지 있으며, 따라서 돈 문제로 잔머리를 굴리다가 출발부터 그르칠 필요가 없다. 돈에 대해 분명하지 않게 행동하는 사람은 피하는 것이 좋다. 이런 사람들은 앞을 내다볼 줄 모른다. 이런 사람들은 안전일변도의 플레이를 하고 이치에 맞는 위험조차도 회피하려는 경향이 있기 때문에 당신의 비즈니스 발전에 도움이 되지 않는다.

아무튼 당신을 초대한 쪽이 당신에게 무엇에 대해 돈을 지불해 주었는지 말해 주고, 당신이 분명하게 이 빚을 기억할 수 있도록 해 주어야 한다. 물론 이것을 무례한 일이라고 생각할 수도 있지만, 다음에는 입장이 바뀔 수 있다는 것을 명심하라. 내게도 이런 일이 있었다. 상대가 19번 홀에서 꽤나 거나하게 술을 샀고, 나중에 나는 아주 비싼 저녁 식사로 그 빚을 갚았다. 물론 이런 일은 드물다는 것을 인정한다. 대개의 경우, 한번 구두쇠는 영원한 구두쇠이다.

장비를 통해 분석한다

그의 장비를 살필 때 이 목록을 참고로 이용하면 상대방의 성격과 진짜 골프 실력을 가늠하는 데 도움이 된다.

가방 속의 플라스틱 튜브로 된 칸막이, 붉은 플라스틱으로 된 아이언 커버, 가방 한쪽에 들어 있는 여러 색깔이 뒤섞인 보통의 접이

식 우산, 그리고 가방 한쪽에 부착된 고리에 걸려 있는 수건. 이 모든 것들은 나쁜 신호이다. 노련한 골퍼들은 이런 물건들을 질색으로 여긴다. 이런 사람이 좋은 플레이를 선보이거나 당신에게 점심을 사리라는 기대는 아예 하지 않는 것이 좋다. 당신의 고객이 게임을 하지 않는다는 결정적인 증거로는 낡은 골프공, 지저분한 티 그리고 가족 대대로 전해 내려 온 것같은 낡아빠진 장갑이 있다. 아이러니 하게도 나는 이런 유형의 사람을 성실하고, 체계적이며 순수한 사람이라고 판단하곤 한다.

다소 낡은 듯이 보이는 송아지 가죽이나 캥거루 가죽으로 된 골프 가방, 편물로 된 헤드커버, 최신 클럽과 20년 된 고전적인 낡은 웨지, 새 공, 새 티, 손잡이가 일자형으로 된 골프 우산 그리고 가죽 장갑은 그가 경험이 많은 로우 핸디캐퍼라는 것을 말해 준다. 적어도, 이런 사람은 오랜 동안 골프를 해 왔으며 골프를 좋아하는 사람이다. 이런 사람과 만날 때는 신중해야 한다. 이런 유형의 사람은 흔히 진정한 삶의 문제에 관해 이야기를 나눌 때 자신감에 차 있으며, 일터에서는 적극적이고 공격적인 경우가 많다.

최신식 유명 클럽이나 액세서리를 갖추고 다니는 골퍼는 실력이 형편없거나 반대로 뛰어난 골퍼이거나 둘 중 하나다. 그가 어느 쪽인지 구분할 수 있는 비결은 다음과 같다. 형편없는 골퍼의 클럽은 커버도 씌우지 않은 금속 우드와 뒤섞여 있고, 대개는 우산을 갖고 다니지 않는 경우가 많다. 유능한 골퍼의 경우. 드라이버, 페어웨이 금속 우드, 롱 아이언, 쇼트 아이언 그리고 웨지가 깨끗하게 구분되어 있다. 퍼터는 드라이버 옆에 놓여 있거나 웨지와 같은 칸에 들어 있다. 그리고 실력 있는 골퍼는 대개 좋은 골프 우산을 갖고 다닌다.―유명한 프라이비트 클럽이나 유명 클럽 제조회사의 로고가 새겨진 경우가 대부분이다.

옷차림을 보면 알 수 있다

하얀 골프 셔츠와 헐렁한 카키색 바지나 반바지를 입고 있는 사람은 자신은 보수적인 사람이라는 말을 하고 있는 것이다.―그는 개인적인 문제와 비즈니스 모두에 있어 자제하는 스타일이고, 일요일이면 교회에 다니는 사람일 수도 있다. 이런 유형의 사람에게 강한 인상을 주고 싶다면, 예의바르게 행동해야 한다는 점에 주의한다. 그리고 말끔하게 보이도록 해야 하며, 일을 함에 있어 상당한 주의를 기울여야 한다는 것을 명심한다. 더욱이 재정적인 부문에 대해 당신이 한 말이나 예측을 실제로 입증하는 것이 좋다.

클럽에 올 때마다 언제나 도마뱀 가죽으로 만든 신발, 디자이너 셔츠와 바지 그리고 오거스타 내셔널 골프 클럽 같은 유명 프라이비트 클럽에서 만들어진 모자를 착용하는 사람을 나는 늘 미심쩍어

한다. 이런 사람은 대개 벤츠나 벤틀리를 몰고 다니고, 금장 롤렉스 시계를 착용하고 있으며, 조만간 당신에게 투자를 좀 하지 않겠느냐는 제안을 할 그런 유형의 사람이다. 이런 유형은 전형적으로 러프에서 공을 옮기고 3피트 퍼팅을 성공시켜 놓고, 당신이 그 퍼팅 샷을 '잘했다'고 생각할 것이라고 속으로 생각한다. 내가 판단하건대 이런 사람은 대개 신뢰할 수 없기 때문에 비즈니스 관계는 피하는 것이 좋다.

유명 클럽의 로고를 보면, 그에게 그 유명 코스에서 플레이를 해본 적이 있는지 물어 본다. 그가 "네."라고 대답하고는 하던 일을 계속한다면, 당신은 그에게 좋은 인상을 심어 주기 위해 신경을 많이 써야 할 것이다. 이런 사람은 최고의 사람들과 어울리는 인물이며, 당신은 그의 범주에 들기가 어렵다는 것을 알게 될 수도 있다. 당신의 목표가 비즈니스라면, 돈을 버는 일에 관해 그가 모르는 무엇을 당신이 알고 있다는 것을 입증해야 할 것이다.

그가 만약 오거스타 내셔널 골프 클럽에서 개최된 마스터즈 대회를 관전하는 동안 그 모자를 구입했다고 말한다면, 당신은 관계를 발전시킬 수 있는 좋은 기회를 잡을 수 있다. 그것은 오거스타 입장권을 구하는 것은 회원이나 고객의 신분으로 그 코스에서 플레이를 하는 것보다 훨씬 더 쉽기 때문이다!

누군가가 그에게 그 모자를 주었다면, 당신에게 좋은 신호가 될 수 있다.

여성이 몸에 꼭 맞는 상의와 짧은 반바지 혹은 미니스커트를 입고 나타나거나, 남성이 고무창을 댄 신발, 펠트직 모자 그리고 깔끔하지 못한 옷차림으로 나타난다면 그날은 당신에게 긴 하루가 될 가능성이 있다.

몸짓을 보면 알 수 있다

실력이 좋은 골퍼들은 대개 걸음이 느리고 말을 많이 하지 않으며, 지금 시작하려는 플레이에 골몰하고 있거나 심지어는 미리 머리 속으로 샷을 구상하고 있는 것 같은 인상을 준다.

특징적으로 볼 때 기량이 떨어지고, 자신감이 모자란 골퍼들이 빠르게 움직이고 말을 많이 하는데, 이것은 그가 긴장하고 있다는 것을 의미한다.

누군가를 분석하고 그가 평범한 골퍼인지 아니면 진지한 골퍼인지 판단할 수 있는 또 하나의 방법은 플레이가 시작되기 전에 그의 손을 보는 것이다. 열심히 연습하고 자주 플레이를 하는 기량이 좋은 골퍼라면, 왼손 두 번째 손가락 뿌리 부분과 왼손 세 번째 손가락과 오른손 두 번째 손가락에 못이 박혀 있다. 연습이나 플레이를 자주 하지 않는 보통 골퍼는 손이 부드럽고 못이 박혀 있지 않다.

특유의 말버릇을 보면 알 수 있다

"어제 골프를 하러 갔었는데.", "파를 쳤습니다." 그리고 "세 번째 홀에서 보기를 냈습니다."라는 말은 당신과 함께 있는 사람이 경험이 많지 않은 서툰 골퍼라는 것을 은연중에 드러내는 것이다. 게임에 대해 잘 알고 있지 않다면, 골프슬랭을 쓰려고 하지 않는 것이 좋다. 확신할 수 없을 때는 평이한 말로 하라. 이렇게 하면 재빨리 의미를 파악할 수 있을 뿐 아니라 슬랭을 잘못 사용하여 당황하는 일은 없을 것이다.

"공에 잘 갖다 댔어요.", "부드럽게 페이드시켜서 5번에서 세웠습니다.", "12에서 버디를 잡았죠." 그리고 "18번에서 파를 유지하느라 엄청 애를 먹었습니다."라는 말들은 실력이 좋은 골퍼들이 공통으로 하는 표현들이다. 눈 여겨 보라!

능숙한 호스트가 되라

당신이 초대한 사람이 자신의 클럽에 있는 것처럼 편안하게 느끼도록 만드는 것은 중요하다. 하지만 주변 상황에 대한 그의 반응을 메모해 두는 일은 훨씬 더 중요하다.

라운딩을 시작하기 전에, 반드시 그에게 클럽하우스 주변의 시설을 보여 주는 것을 잊지 않는다. 이곳저곳을 소개하면서 그에게 클럽의 역사를 말해 준다. 그가 어떤 반응을 보이는지 관찰하고, 그의 반응에 따라 알맞게 행동한다.

어떤 사람들은 당신이 클럽 주변을 보여 줄 때 매우 예의바르게 행동하면서 고개만 끄덕인다. 이런 사람들은 깔끔한 옷차림을 하고, 신사답게 게임을 이끌어 가며, 19번 홀에서 한두 잔의 독한 칵테일을 마시고, 결코 시계를 보지 않으며, 지적인 대화를 나누고, 클럽 직원들을 눈에 띄지 않게 배려한다. 이들이 팁을 남겨 놓았는지조차도 당신이 눈치챌 수 없을 정도다.

스스로를 통제하지 못하고 좀 단순해 보이는 골퍼들이 있다. 락

커 등의 시설물이 새것이 아니라고 불평을 한다거나, 클럽 직원들에게 이것저것 요구하는 것이 많고 큰 소리로 무례하게 말하는 사람들을 경계한다. 이런 유형의 사람들은 대개 자기 자신밖에 모르기 때문에 이들과 골프를 한다는 것은 생각만으로도 끔찍하다.

파워 아침, 파워 점심

시간이 허락한다면, 게임을 시작하기 전에 아침 식사나 점심 식사에 손님을 초대하는 것은 좋은 생각이다. 그 사람을 알고 얼음을 깰 수 있는 좋은 방법이기 때문이다.

막 집을 떠나온 그가 자신의 가족들에 관한 이야기를 많이 하는 경향이 있기 때문에 특히 아침 식사를 함께 하는 것이 좋다.

게임을 앞두고 주중에 점심 식사를 같이 하면, 그는 조금 전에 사무실에서 나왔거나 일을 하다가 플레이를 위해 그 날 하루를 접은 상태이기 때문에 비즈니스에 관한 말을 많이 하는 경향이 있다.

사교적인 손님이거나 당신이 로맨틱한 관심을 두는 상대라면, 반드시 두 차례의 게임을 연이어 준비한다. 하나는 퍼블릭 코스에서 두 번째는 프라이비트 클럽에서 기회를 만든다. 상대가 프라이비트 클럽에서 근사한 점심을 먹을 때와 마찬가지로 사람들로 붐비는 퍼블릭 클럽하우스에서 핫도그와 소다수를 손에 들고 먹는 것에 개의

치 않는다면, 그 사람은 괜찮은 사람이다. 서둘러 먹고 일어서야 하는 분위기에 냉담한 태도를 보이며 프라이비트 클럽의 분위기를 좋아한다면, 그는 '근사한 인생'을 좋아한다는 것을 말해 주는 것이다. 당신의 클럽에서 함께 플레이를 한 다음 최고의 레스토랑에서 함께 와인을 마시고 식사를 할 준비가 되어 있다면, 이것은 반드시 나쁜 것만은 아니다.

아침 식사를 하든 점심 식사를 하든, 그의 식탁 예절을 주의 깊게 관찰한다. 그가 웨이터와 웨이트리스에게 어떻게 대하는지 메뉴에서 가장 비싼 음식을 주문하는지 아니면 가장 저렴한 음식을 주문하는지 그리고 담배를 피워도 되느냐고 물어 보는지(아니면 아무 말도 없이 담배에 불을 붙이는지) 눈여겨본다.

카트인가 캐디인가

이 책의 두 번째 부분에서, 골프—카트 전략에 대해 소개할 것이다. 이것은 관계를 트고 싶은 사람을 초대했을 때 나는 카트를 타는 것을 더 선호한다는 내용에 관한 것이다. 네다섯 시간의 라운딩을 하는 동안 카트를 타는 시간이 많기 때문에 불가피하게 상대방과 짤막한 대화를 많이 주고받게 되어 있다.

경관이 좋은 고급 컨트리클럽에서 플레이를 하고 있는 경우라면,

당신의 고객에게 캐디를 이용하는 편이 좋겠다고 말하는 것이 좋다. 그가 그것을 더 좋아할 것이기 때문이다. 게다가 이런 코스들은 대개 붐비지 않기 때문에, 공원에서 산책을 하는 것 같은 기분으로 플레이를 하면서 실제로 많은 대화를 나누며 올바른 '읽기'를 할 수가 있다.

플레이를 하는 동안에 카트를 이용하는 편이 좋을 때도 있고, 걸어서 이동하는 편이 좋을 때도 있다고 그에게 말해 주는 것은 좋은 생각이다. 이렇게 말한 다음, 그에게 카트를 이용하는 것이 좋을지 아니면 캐디를 이용하는 편이 좋을지 물어 본다. 그가 만약 "좋을 대로하시죠."라고 말한다면, 이것은 좋은 신호이긴 하지만 미약한 반응이다. 그가 "전, 플레이를 할 때는 항상 카트를 더 선호합니다."라고 분명하게 대답한다면, 이것은 그가 당신과의 대화를 꽤나 편안하게 느끼고 있다는 것을 말한다. 그가 "전, 캐디가 더 좋겠습니다."라고 말한다면, 그가 대화를 회피하려 한다든지, 자기중심적이라든지, 혹은 그냥 운동을 좋아하는 사람이라는 신호다.

선물 주고받기

여기에는 매우 간단한 규칙이 적용된다. 손님에게 당신의 클럽 로고가 새겨진 모자나 골프공 케이스를 선물하는 것이 좋다. 어쨌든, 우리들은 대개 선물 받기를 좋아한다. 중요한 것은 당신이 주는 선물에 대해 그가 고마움을 나타내는가 아니면 당연한 듯이 받는가를 관찰하는 것이다.

지나친 것은 좋지 않다. 사람들은 과도한 선물을 주는 사람을 신뢰하지 않는다. 아이러니하게도, 나는 시도 때도 없이 선물 공세를 펴는 사람은 마음이 선하긴 하지만 확신할 수 없는 사람이라는 것을 알았다. 이런 약점을 유리하게 이용할 수 있다. 그에게 감사를 표하고 마치 영웅이 된 듯한 대단한 기분을 느끼게 만듦으로써, 그로 하여금 비즈니스 제안에 더 마음을 열고 귀를 기울이도록 만들 수 있기 때문이다.

사람들을 만나게 하라

같은 라인이나 근처의 라인에서 플레이를 하고 있는 다른 사람들에게 그를 소개하고, 그가 어떻게 행동하는지 관찰하라. 그가 자신감에 차 있는가, 수줍어하는가, 냉담하게 행동하는가, 사람들과 잘 어울리는가, 진실 되게 행동하는가? 그 사람에 대한 관찰은 무엇이 그에게 중요한지 알 수 있는 실마리를 주며, 티 샷을 시작하기 전에 즉각 대응책을 생각하는 데 도움이 된다.

예를 들어 그 사람이 온통 돈에 관한 얘기만 늘어놓는다면, 완곡

하게 사업 이야기를 시작할 생각은 그만두고 당신이 그의 사업에 어떻게 도움이 될 수 있는지 단도직입적으로 이야기하는 것이 좋다.

연습용 티를 이용하라

플레이가 순조롭게 풀릴수록 자연히 그는 기분 좋아할 것이다. 따라서 코스에서나 라운딩이 끝난 후 비즈니스, 우정 혹은 로맨스와 관련하여 진도를 나가기가 더 수월해 진다. 그렇기 때문에, 연습용 티에서 한 바구니의 공을 준비해 준다든지, 그의 스윙에 관심을 가진다든지 그리고 샷을 하는 중간 중간에 그가 하는 말에 귀를 기울임으로써, 상대방이 최고의 플레이를 할 수 있는 기회를 만들어 준다.

스윙에 대한 조언에 어떻게 반응하는가

플레이를 시작하는데 도움이 필요한지 상대방에게 물어 본 후, 그의 스윙을 자세히 살펴보면서 그가 좀더 강력하고 정확하게 공을 칠 수 있도록 간단하게 조언을 한다든가 혹은 잘못된 것을 바로잡을 수 있는 쉬운 방법을 말해 줘도 되는지 판단한다. 그가 당신의 조언에 따라 시도해 보고는 즉각적인 마법의 효과가 발휘되지 않는다고 투덜댄다면, 내버려두고 관망하는 것이 좋다. 이런 유형은 일이 자기가 마음먹은 대로 진행되지 않을 때 항상 변명을 늘어놓고 우는 아이처럼 불만을 터뜨리는 사람이다. 이런 경우, 그곳의 프로에게 그를 소개하는 방법을 고려해 보는 것도 괜찮다.

가장 좋은 것은, 당신이 제안한 방법이 효과를 발휘하지 못한 경우에라도, 당신의 도움에 감사를 표할 줄 아는 사람을 찾는 것이다. 이런 경우, 그에게 "나가서 신선한 공기도 마시고 느긋하게 즐기면서 해 봅시다.―스코어를 기록할 필요가 있겠습니까."라고 말한다.

샷을 하는 사이에 오가는 반응

당신이 초대한 사람이 아주 근사한 자세로 스윙을 할 때, 샷을 하는 사이사이에 그에게 말을 건네기 시작한다. 라운딩을 시작하기 전에 연습을 하는 동안, 이야기를 하면서 계속 시선을 마주치지 않아도 되고 공에만 시선을 둘 수 있기 때문에 상대방이 마음을 열게 된다는 것을 알 수 있다. 그 사이 상대에 대해 얼마나 많은 것을 알게 되는지를 안다면 당신은 아마 놀랄 것이다. 상대가 공을 치던 것을 멈추고 당신을 응시하며 이야기를 하기 시작한다면, 당신은 성공한 것이다. 그가 계속 공을 치는 일에만 몰두하고 좀처럼 고개를 들지 않는다면 그것은 좋은 신호가 아니다. 그가 단지 내성적이어서 수줍어하는 것이라고 볼 수도 있다. 하지만, 고객과 사업에 대해 이야기하고 돈을 버는 것에 관한 경우라면, 그렇지 않다. 어쩌면 그는 무엇인가 숨겨야 할 것이 있기 때문에 대면하기를 피하고 있는 것일 수도 있다.

핸디캡 주기

골퍼의 핸디캡 속에는 정직성, 위선, 자아, 수단과 방법을 가리지 않는 승부, 공정성, 경쟁심리 그리고 괜찮은 사람이 되는 것 등 플레이에 관한 모든 요소가 담겨 있다.

성가신 언행을 잘 받아넘기는가

상대방의 핸디가 얼마건 상관없이 핸디캡을 가지고 그를 성가시게 하고, 그에 관해 판단할 수 있는 자료로 그가 한 반응들을 적어 놓는다.

이럴 테면, "공을 치시는 모습을 보니 핸디가 10이 아니라 2인 것 같은데요."라는 말을 던져 보자.

만약 그가 "이런, 어디에서 플레이를 하든지 나는 항상 스코어를 제시해요. 그리고 나의 실제 핸디는 10입니다."라는 식으로 반응을 했다면, 그는 핸디가 의미하는 것보다 더 좋은 플레이를 하는 사람이다. 나는 이런 유형의 사람들을 만난 적이 있는데, 그들과는 대개 좋은 관계를 유지하지 못했다. 이들이 만약 일반적인 경우보다 내기 금액이 높은 게임에 동의를 한다면, 이런 사람들은 신뢰할 만하지 못하다고 해도 틀림없다.

그가 "여기서 나가 주시겠어요."라고 말하고는 웃는다면, 그는 정직하며 유머 감각이 있는 사람이다. 솔직한 대답을 얻을 수 있다는 것을 알고 있기 때문에 나는 이런 유형을 좋아한다.

만약 혀를 차는 듯한 반응을 한다면, 그는 아마 거의 대부분 핸디에 맞게 플레이하지만, 운이 좋은 날에는 그보다 좋은 플레이를 할 수 있다는 것을 스스로 알고 있는 사람이다. 이런 사람들은 대개 마음이 선하며, 더 좋은 플레이를 할 수 있도록 용기를 북돋워 주는 것이 좋다.

눈이 예리한 골퍼라면 그 사람의 스탠스, 스윙 그리고 연습용 티와 퍼팅 그린에서 샷을 만드는 기술을 보고 상대의 핸디가 얼마인지 알 수 있다. 골프를 시작한 지 적어도 5년이 넘었다면, 티에 공을 올려놓고 샷을 하기 전에 그가 신뢰할 만한 사람인지 혹은 무슨 일이 있어도 이기겠다고 마음먹은 승리에 목마른 사람인지를 짐작할 수 있다. 이때 이런 예측을 할 수 없다면, 전반 9홀이 끝날 무렵에는 알 수가 있다.

나쁜 신호 아주 괜찮은 9홀 스코어를 낸 후에, 그가 "이것은 일년 만에 가장 좋은 성적입니다."라든지 혹은 "이해가 안 되는 군요, 오랫동안 플레이를 안 했는데 말입니다."라고 말하는 것. 이런 말은 그가 솔직하지 못한 사람이라는 것을 말해 주는 신호다.

좋은 신호 좋은 플레이를 선보인 후, 그가 "어허, 알 수 없는 일입니다. 후반 9홀에서 핸디를 재조정해야 할 것 같은데요."라고 말한다면, 이것은 그가 공정한 사람이라는 것을 말해 주는 신호다.

좋은 내기? 나쁜 내기?

비즈니스 라운딩을 할 때는 약간의 내기 게임을 하고 싶은지 물어 보는 것을 잊지 않는다. 나소 2달러 정도의 내기에 "No."라고 말할 사람은 거의 없다(이것은 전반 9홀 2달러, 후반 9홀 2달러 그리고 18—홀 매치 2달러에 해당하는 내기다). "No."라고 말하는 사람은 단돈 얼마라도 잃을까 봐 두려워하거나 아니면 뭔가 약삭빠른 전략을 쓰고 있는 것이므로 주의해야 한다. 연습용 티에서 상대방이 플레이하는 것과 핸디에 근거해 볼 때, 그를 무참하게 이길 수 있을 것같다는 생각이 든다면, 내기를 하자는 말을 아예 하지 않거나 제안을 받았을 경우 이를 정중하게 거절하거나 혹은 아주 사소한 내기를 하는 것이 때로 현명한 행동이다. 혹은 무기력한 사람으로 비치도록 만들고 싶지 않다면, 상대를 이길 수 있다는 것을 알면서도 제안을 받아들이는 것도 괜찮다. 하지만 이 경우에는 19홀에서 내기 금액보다 더 비싸게 술을 한 잔 사는 것으로 마무리한다.

이런 방법을 다른 층위에서도 이용할 수 있다. 나는 이웃 사람과 골프를 할 때는 자신이 한정 없이 술을 사야 하는 경우를 피하기 위해 일부러 져 준다고 말하는 사람과 플레이를 한 적이 있었다. 이런 유형은 주의해야 한다.

내기에 흔쾌히 응하긴 하지만 당신이 제안하는 내기보다 두세 배 높일 것을 원하는 사람도 주의해야 한다. 예를 들면, 이런 유형의 사람은 자동적으로 내기 금액을 높이는 방법을 제안한다(버디 5달러, 샌디 5달러, 그리니 5달러, 바키 5달러). 버디는 언더파의 성적이다. 공이 모래 벙커에 들어가면 샌디를 얻으며, 공이 그린에 떨어지면 파를 얻는다. 당신이 샷한 공이 파3 홀에서 상대방보다 홀에 더 가까이 떨어지면 그리니를 얻는다. 티 샷이 밑둥을 치고 그 홀을 파로 끝낸다면 바키를 얻어 돈을 따는 식이다.

티를 출발하기 전에 잠시 휴지기를 가져라

티 타임이 지체되는 경우, 상대방과 잡담을 하면서 서 있지 말고, 이런 예상치 않은 상황에 어떻게 반응하는지 혹은 골프에서 흔히 하는 농담을 던져서 어떤 반응을 보이는지 관찰함으로써 그를 좀더 잘 알려고 노력하는 것이 좋다.

예를 들면, 당신은 신속한 플레이를 좋아해서 '고릴라 룰' 플레이를 선호한다고 플레이 파트너에게 말해 본다. 이것은 좋은 라이를 만들기 위해 코스 어느 지점에서나 공을 옮겨 놓을 수 있다는 것을 의미한다.

당신의 제안에 대해 상대가 "아뇨, 전 있는 그대로의 스코어를 원합니다. 게다가 전 신속하게 플레이하는 편이거든요."라는 식으로 대답한다면, 당신은 그가 정말로 미국 골프협회가 정한 규칙에 따라 플레이하는지 보아야 한다. 만약 그가 규칙에 따라 플레이하자고 말해 놓고 속임수를 쓴다면, 그의 이름을 수첩에서 지운다.

만약 그가 '고릴라 룰'로 하자는 말에 "좋아요."라고 대답한다면,

그는 그날 하루를 재밌게 지내고 싶어하며, 나에 대해서 알고 비즈니스에 관해 이야기할 준비가 되어 있다는 것이다. 토너먼트와 같은 경쟁을 원한다면 내가 이런 방법으로 플레이하자는 제안을 하지 않을 것이라는 것을 그는 당연히 알고 있기 때문이다.

상대방을 알아 볼 수 있는 또 다른 방법으로 그와 내가 여지껏 수백 번은 들어 봤을, 흔한 골프 유머를 말해 보는 것이다. 이런 농담을 들어 본 적이 있다고 말하면서 거짓으로 우스운 척하지 않는 반응이 나와야 한다. 별로 새로울 것도 없는 유머에 그가 웃음을 터뜨린다면 당신은 눈치가 빠른 사람과 플레이를 하고 있다는 것을 알아야 한다.

내가 상대방을 떠보는 또 다른 방법은 알고 있는 골프 유머가 있는지 그에게 물어 보는 것이다. 새로운 유머를 하는 사람은 최근의 골프에 대해 잘 알고 있는 사람이다. 골프 유머는 자주 바뀌기 때문에, 코스에 자주 나가는 골퍼라면 이런 유머를 놓칠 리가 없다. 그리고 새로운 골프 유머를 알고 있는 경우, 그는 자주 함께 플레이하는 나에게 말해 주려 할 것이다. 나는 그가 어떤 식으로 농담을 전달하는지도 눈여겨보는데, 이는 상대방이 얼마나 편안하게 느끼고 있는지를 알아보기 위함이다.

라운딩을 하는 내내 끊임없이 농담을 하는 사람은, 그가 하는 농담들이 재미있든 그렇지 않든, 신뢰할 만하지 못하다. 또한 그는 회피하는 경향이 있는 사람이다. 농담으로 바람막이를 치는 사람도 흔히 무엇인가 숨기는 것이 있다.

  기억할 것은 라운딩을 하는 동안 상대방도 당신을 '읽고' 있다는 것이다. 따라서 거의 말을 하지 않는 경우에도 재치 있는 농담은 그 효과가 석 달을 간다. 플레이 파트너를 시험해 보고 싶다면 썰렁한 농담을 자주 하는 것도 좋은 방법이다.

베일 벗기기

 이제 당신은 활동할 수 있는 단단한 기초를 마련했다. 상당히 빨리, 당신은 예리한 관찰과 약간의 교묘한 '시험'을 통해 고객에 대해 꽤나 많은 것을 알게 되었다. 이 초기 단계에서 자신을 어떻게 표현하는가에 근거하여 그가 어떤 사람인지 판단하는 것은 중요하다. 이 플레이 파트너에 대해 소문으로 들었던 것이나 이전에 그에 대해서 보고 알았던 것에 관해서는 모두 잊어버린다.
 사람은 때로 자신의 눈을 믿을 수 없는 경우가 있기도 하며, 눈으로 보는 것을 믿을 수 없는 경우도 있다. 그의 행동 속에서 드러나는 좋은 점과 나쁜 점을 모두 가늠하고 지속적으로 눈여겨보아야 한다. 만약 플레이 파트너가 약속 시간에 늦게 오면서도 프로샵으로 전화를 걸어 당신에게 이 사실을 미리 알려 주지 않고, 단정치 못한 옷차림을 하며, 눈을 마주 바라보지 않는다면, 문제가 숨어 있는 것이다.
 그는 이 날을 그리 중요하게 생각하지 않으며 어쩌면 당신을 위해 바람직하지 않은 사람일 수 있다. 게다가 그는 '어둠' 속에서 모습을 드러내기 전에 자신을 꾸며야 할 것이 많은 사람이다. 어쨌든 의심스러운 점이라도 열린 마음으로 좋은 쪽으로 해석하는 것이 중요하다. 라운딩 전에 얻어진 분석이 긍정적이든 아니면 부정적이든, 일을 계속 진행한다.

골프에서와 마찬가지로 중요한 것은 그 날이 끝날 무렵의 '스코어'다. 이 점을 잊지 않는다. 플레이 파트너를 코스에서 더 잘 파악하고, 이를 통해 당신이 원하는 비즈니스 혹은 사회적인 관계를 만드는 것이 당신의 목표라는 점을 기억한다. 그러므로 코스에서의 파트너 읽기를 하고 그의 진정한 모습에 한 걸음 더 가까이 다가가야 한다. 참모습은 링크에서 드러나게 된다.

제 2 장

골프를 하는 동안

이제 골프 코스에서 '플레이'를 해야 할 시간이다.

 이 장에서는 코스에서 플레이를 하는 동안 당신의 연구과제를 어떻게 실행에 옮길 것인가에 관해 말하려고 한다.—티를 출발하는 순간부터 당신과 플레이 파트너가 18홀에서 마지막 퍼팅 샷을 홀컵에 집어넣는 순간까지.

첫 티의 상황은 공을 쳐야 한다는 이유만으로도 다소 부자연스러워 보일 수 있다. 그러나 이때 당신은 골프 파트너에 대해 많은 것을 알 수 있다. 당신과 파트너의 첫 번째 샷을 조정하자고 제안하는 멀리건 이론으로 상대방을 시험해 본다. 어쩌면 상대방으로부터 부정적인 반응을 불러일으키고 당신이 한 말을 취소해야 할 수도 있다. 이때는 하루 중 상대방을 가까이 관찰하고 시험해 볼 수 있는 기회이다. 라운딩을 하는 동안 이리저리 기민하게 탐색하고 먼저

자신의 목표에 대해 철저하게 인식하며, 그런 다음 공격에 들어가는 것이 중요하다. 예를 들어 휴대전화를 끄라는 제안에 상대방이 어떻게 대응하는가 하는 점이 많은 것을 말해 줄 수 있다.

라운딩을 끝마치는데 5시간 정도가 소요되는 코스에서 주어지는 기회들을 이용한다. 그 사람이 하는 이야기에 귀를 기울이고 그의 반응을 주의 깊게 관찰한다. 특히 골프 카트 안에서 그와 나란히 앉게 되었을 때를 놓치지 않는다. 공격적인 전략적 행동을 하기 전에 먼저 그 사람을 알아야 한다는 것을 분명히 인식하라. 그렇지 않으면 자기가 파 놓은 함정에 빠질 수 있다.

코스에서는 실언을 하거나 상대방의 허를 찔러야 하는 진땀나는 순간도 피하기 어렵다. 예를 들면 사기꾼이나 허풍선이를 다룰 수 있는 준비가 되어 있는 것이 좋다. 무엇이 걸려 있는가에 따라 당신은 상대방을 나무랄 때도 있고, 어떤 부적절한 행동에 대해 속으로는 명심해 두면서 겉으로는 그가 빠져나가도록 내버려두어야 할 때도 있다.

그러면서도 이해관계가 걸려 있기 때문에, 골프 규칙에 따라 플레이하고 훌륭한 코스 에티켓을 준수함으로써 상대방에게 좋은 인상을 심어 주어야 한다. 그리고 맥주를 너무 많이 마신다거나, 카트를 타고 코스를 질주한다든지, 클럽을 내던진다든지 혹은 샷이 뜻대로 되지 않는다고 해서 욕설을 하는 등의 바람직하지 못한 행동을 해서는 절대 안 된다.

상대방도 당신을 관찰하고 평가한다는 것을 기억하라. 담배를 피우지 않는 사람의 얼굴에 담배 연기를 내뿜어서는 안 된다. 상대방의 샷이 라인을 벗어나 슬라이스 되었을 때, "나쁘지 않군요."라는 식의 바보 같은 말은 하지 않는다. 앞서 플레이했던 홀에 클럽을 놔 두고 오는 일이 있어서는 안 된다. 이를 다시 가지러 오가는 동안 플레이 흐름이 깨진다. 복잡한 새로운 스윙 이론을 가르쳐 준다고 나서서 상대방의 기를 꺾는 일이 있어서는 안 된다.

카트를 타고 이동할 때와 간단히 뭔가를 먹기 위해 하프웨이 하우스에 들렀을 때는 자신의 행동에 대해 생각해야 한다. 이 두 장소 가운데 어느 곳에서든 당신은 성가시지만 피할 수 없는 청중과 맞닥뜨리게 되고, 따라서 좋은 질문 목록을 작성하고 곤란한 질문을 받았을 때 대응할 방법을 준비해 두는 것이 좋다. 카트를 타고 이동하는 동안 무턱대고 나서는 행동은 자제해야 한다. 상대방에 대해 민감하게 느끼면서, 한편으로 자신을 지키기 위해 잽을 날리고 점수를 따는 권투 선수가 되어야 한다. 하프웨이 하우스에 도착해서는 계속 잽을 날리면서 상대방이 어떻게 반응하는지 본다.

첫 번째 티 숙제하기

티 박스에 발을 들여놓는 순간부터 비즈니스의 시각으로 플레이 파트너를 면밀히 관찰한다. 상대방은 아직 익숙해 질 수 있는 시간적 여유가 없었고, 따라서 그의 허를 찌르는 질문을 한다. 이제 시작이다! 게임이 시작되었다. 이제 일을 시작해야 할 때가 온 것이다.

멀리건 이론으로 시험해 보라

당신의 고객이 규칙을 철저히 준수하고, 두 사람에게 멀리건을 허용하자는 제안에 결코 동의하지 않을 것이라는 짐작이 이미 드는 경우에도 일단 그에게 제안을 해본다. "안 돼요, 규칙에서 멀리건을 허용하지 않는다는 것을 알고 계시잖습니까."라는 대답이 나올 것이라는 것을 당신은 알고 있다. 여기에는 당신이 어떤 사람인지 보여 주고 그가 어떤 사람인지를 알 수 있는 공격적인 전략이 깔려 있다. 당신은 아무렇지 않은 듯, "좋습니다. 그러면 정식으로 해 보자는 말씀이시죠. 저도 바라던 바입니다."라고 말한다.

당신의 플레이 파트너가 갑자기 조용해지면서 몇 초 동안 공에 주의를 기울이는가 싶더니 숲 속으로 샷을 날린다면, 그는 겉으로 보이는 것만큼 강한 사람은 아니며 쉽게 화를 내거나 게임을 포기하는 사람이다. 이제 정말로 그를 시험해 볼 수 있는 때가 왔다. 그에게 멀리건을 인정하자고 말해 보라. 그가 이를 받아들이면 그는 평범한 '이웃집 골퍼'이며, 별로 어렵지 않게 그를 이길 수 있다.

하지만 그가 만약 "아뇨, 나쁜 샷은 게임에서 흔히 있는 일이죠. 괜찮습니다."라고 말한다면, 그는 진정으로 강한 사람이다. "농담을 해 본 것뿐입니다."라는 말로 뒤로 물러선다.

휴대폰과의 전쟁

옆에서 누가 휴대폰으로 이야기하는 것을 듣는 것은 무척 짜증나는 일이다. 라운딩을 하는 동안 끊임없이 전화를 거는 골퍼는 허세를 부리는 기질이 있는 사람이며, 주변으로부터의 관심을 갈구하는 사람이다. 골프가 아닌 업무상 사람을 만나는 자리에서 전화를 계속 받는 사람은 자신을 대단한 인물로 비치도록 만들고 싶은 사람이다. 더 나쁜 것은 그가 전화를 끊고는 "죄송합니다, 제 아내가 전화를 했어요. 금요일이 처남 생일이어서 비행기로 캘리포니아에 가야 하거든요. 하지만 저는 사이프러스 포인트에서는 플레이를 해야 하는데 말입니다(이곳은 전 우주에서 가장 값비싼 프라이비트 클럽 가운데 하나이다)."와 같은 식의 말을 늘어놓는 것을 들어야 하는 때다.

여기 젠체하는 사람들이 흔히 하는 또 하나의 전형적인 말이 있다. "참 내, 새로 벤츠를 주문했거든요. 벌써 3주 전에 배달이 되었어야 하는데 아직 안 왔지 뭡니까. 그런데 다시 사흘을 기다려야 한다는군요."

비즈니스에서 당신에게 도움이 되는 플레이 파트너를 만들고 싶다면, 당장 휴대폰을 끄게 하라. 그리고 이렇게 말해 보라. "전, 라운딩을 하는 동안에는 휴대폰을 끄는 것이 좋다고 생각하지만, 중요한 전화가 있으신 것같으니까 어쩔 수 없지요." 확신컨대 그는 다시는 전화를 걸거나 받지 않을 것이다. 이제 당신은 라운딩을 즐기면서 비즈니스에 관해 이야기 할 수 있게 되었다. 이것은 결코 어정쩡하게 넘어 갈 일이 아니다.

정직한 행동으로 공격적이 되라

일리가 있는 충고를 받아들이고 그것이 별로 도움이 되지 않는다고 해도 당신을 책망하지 않는 골퍼를 위해 해 줄 말이 있다. 결론적으로 말해서, 이런 사람들은 선해 보이는 사람들이다. 너무나 많은 골퍼들—특히 남자들—이 이런 식으로 '비난 게임'을 한다. 당신의 파트너가 늘 누군가 비난할 대상을 찾고 있다는 것을 파악한다면, 그가 비즈니스나 개인적인 문제에서 어떻게 행동할 것인가에 관해 당신은 무엇인가를 배우고 있는 것이다.

가끔 그가 첫 홀을 시작하자마자 당신을 몰아 부치는 경우가 있다. 이런 유형에 대해 어떻게 대처해야 하는지 알 수 있는 예를 들어 보자.

코스의 첫 홀이 몹시 좁고 당신의 고객이 연습용 티에서 슬라이스를 냈다고 가정해 보자. 또한, 티에 공을 올려놓고 샷을 할 차례가 되었을 때, "여기에서 드라이버 샷을 해도 되겠습니까?"라는 그의 물음에 "예, 좋을 대로 하십시오."라는 식으로 말해서는 안 된다. 그가 형편없는 샷을 하고는 "이곳은 드라이버 홀이 아니었는데……. 3-우드로 샷을 했어야 했는데 말이죠."라고 오히려 당신을 은근히 나무랄 가능성이 충분히 있다. 그의 스윙 실력으로는 퍼팅 샷을 성공시킬 수 없으며 페어웨이에 공을 둘 수밖에 없다. 하지만 당신은 이 점을 생각하지 못했고, 이제 스스로 궁지에 빠진 격이 되었다. "홀이 너무 좁기 때문에 저라면 3-우드로 하겠습니다만, 드라이버가 편하다면 그렇게 하시죠."라든지 혹은 "그렇게 하실 필요가 없을 것같은데요. 꽤나 짧은 파4이지 않습니까. 하지만 그렇게 하는 게 좋다면 그렇게 하십시오."라는 식으로 적극적으로 응수

한다.

　믿지 않아도 하는 수 없지만, 그는 드라이버를 사용할 것이고, 공을 숲 속으로 날려 보내고는 아쉬운 듯이 중얼거릴 것이다. 이런 경우 대개는 "스윙이 너무 빨랐군."이라고 말한다. 이것은 괜찮다. 적어도 그는 당신을 비난할 수는 없게 되었고, 당신은 자신의 실수를 인정할 줄 모르는 사람과 함께 있다는 것을 알게 되었으니까 말이다.

코스에서의 규칙 위반에 대처하기

당신의 기준에 맞게 플레이하고 규칙에 따라 플레이하는 것에 동의하고는 당신이 보는 앞에서 그것들을 악용하는 골퍼와 플레이하는 것보다 더 난처한 경우는 없다.

이런 사람은 비즈니스나 인간관계에서도 마찬가지로 뒤통수를 칠 가능성이 있다. 하지만 이익을 위해서 당신은 때로 다른 사람들이 할 수 있는 것보다 더 너그러워져야 할 필요가 있다.

따라서 토너먼트에서 플레이할 때는 항상 규칙위반에 대해 주의를 기울이고, 위반한 사람에 대해서는 적절한 벌타 부여를 분명히 해야 한다.

규칙위반자를 어떻게 처리할 것인가

가까운 친구와 플레이를 할 때, "제대로 하게나, 조. 그렇게 드롭하는 것은 규칙에 어긋나는 거야."라는 식으로 말하기는 쉽다. 하지만 앞으로의 비즈니스 관계가 걸려 있는 경우라면, 당신은 때로 약간 다르게 처리해야 한다. 다음 내용은 사용해 볼 것을 권하고 싶은 전략이다.

친선 매치에서 플레이 파트너가 러프에 있는 공을 옮겨 공이 떨어진 지점 근처에 놓거나, 혹은 그 홀에서 그가 8타를 얻었다는 것을 뻔히 알고 있는데도 6타라고 말한다면 그가 하고 싶어하는 대로 내버려둔다. 다른 사람을 화나지 않게 함으로써 내게 얻어지는 것이 있다면, 지금까지 살아오면서 몇 번은 이렇게 눈을 감아 준 적이 있다는 것을 나는 인정한다. 하지만 어떤 이해관계가 걸려 있다 하더라도 토너먼트에서 규칙을 어긴 사람을 눈감고 봐 주는 일은 결코 없다.

중요한 것은 당신은 규칙에 맞게 플레이를 한다는 것이다.

그가 만약 어떤 기본적인 규칙을 모르고 있다고 느껴진다면, 부드러운 어조로 설명해 준다. "토너먼트에서 플레이하는 경우라면 방금 하신 것은 규칙에 어긋난다고 말씀드릴 수 있습니다." 그가 시선을 피하거나 놀라서 눈을 크게 뜬다면, 그는 실제로는 모든 규칙을 알고 있었지만 당신을 시험해 본 것일 수 있다. 혹은 앞에서 말했듯이 정말로 규칙을 제대로 모르고 그렇게 했을 수도 있다.

골프를 시작한지 얼마 되지 않았지만 고객과 중요한 게임을 앞두고 있다면 속임수를 쓰는 사람으로 인식되는 일이 없도록 적어도 몇 가지 일반적인 규칙은 알고 있어야 한다.

경계구역을 벗어나 공이 날아가 버렸다면, 그 지역에는 대개 다음과 같이 적힌 팻말이 있다.

잘못된 행위 공이 경계선 울타리를 넘어갔다고 생각되는 지점 근처에 공을 드롭한다. 그리고 자신에게 벌타 1타를 부과한다.

올바른 행위 공을 울타리 너머로 보낸 마지막 스윙을 했던 지점으로 돌아간다. 그 다음, 플레이를 하기 전에 자신에게 벌타 1타를 부과한다.

공이 나무 뒤 둥치로 떨어진 경우, 그린으로 샷을 할 수 있는 여지가 없을 때

잘못된 행위 공이 원래 위치해 있었던 지점에서 몇 야드 거리로 공을 쳐서 홀에 좀더 가까이 보낸다.

올바른 행위 공이 있었던 지점으로부터 클럽 두 개 길이 이내에 공을 놓되, 이는 홀 쪽으로 가까이 다가가는 지점이 되어서는 안 된다. 자신에게 벌타 1타를 부과한다.

공이 모래 벙커에 떨어진 경우
잘못된 행위 클럽의 아랫부분이 모래에 닿은 상태로, 페어웨이

에 있는 것처럼 공에 어드레스 한다.

올바른 행위 벙커에서는 지면에 닿아서는 안 된다. 헤드가 모래를 건드릴 수 있는 경우는 스윙의 임팩트 지점을 지날 때뿐이다. 자신에게 벌타 2타를 부과한다.

기본적인 에티켓을 지켜라

골프 대회에 참가한 경우가 아니라면, 누가 나의 퍼팅라인을 가로질러 걸어간다거나 혹은 내가 샷을 할 준비를 하고 있을 때 골프 장갑의 접착 부분을 떼어 내는 소리를 내는 등의 고전적인 방해전략을 쓴다고 해서 그를 비난하지는 않겠다. 하지만 내가 초대를 받았든 아니면 상대방을 초대한 경우든, 나는 골프 코스에 대해 존중하는 태도를 보여 주지 않는 사람은 용납하지 않는다. 잔디의 뜯겨 나간 자국을 손질하는 것, 벙커에서 샷을 한 다음에 모래를 고르게 손질하는 것, 혹은 그린에서 볼마크를 고정시키지 않는 골퍼는 차를 몰고 가다가 붉은 신호등에 멈춰 섰을 때 담배꽁초를 밖으로 내던지는 운전자와 같은 부류의 사람이다.

경험 부족으로 인해 자신이 하고 있는 행동이 잘못되었다는 것을 모르고 있다고 생각된다면 그에게 가볍게 이에 대해 언급해 준다. 그리고 그의 반응을 살펴본다. 기본적인 에티켓을 정말로 이해하지 못하고 있는가? 만약 그가 단지 주의를 하지 않아서 괘씸한 행동을 계속하는 것이 분명하다면 입장을 바꿔 놓고 생각한다 그날 하루가 끝날 무렵, 그는 당신을 존경하는 눈으로 바라보게 될 것이다. 적어도 비즈니스 관계나 자산분배를 어떤 식으로 처리할 것인지에 대한 통찰력을 얻을 수 있을 것이다.

카트로 이동할 때가 중요하다

1장에서 언급했듯이, 카트를 타고 이동하는 시간은 서로의 이야기에 집중할 수 있기 때문에 대화를 나누기 가장 좋은 상황이다. 캐디와 함께 걸어다니는 경우에는 이런 기회가 주어지지 않는다. 당신과 파트너가 샷한 공이 페어웨이의 다른 방향으로 날아가거나 러프에 떨어져서 두사람 모두 그린으로 들어오기 전까지는 만나지 못하는 경우라면 더욱 그렇다. 이런 장소에서는 침묵이 금이다.

초대받은 손님으로 골프 카트에 앉아 있거나 상대방을 초대한 입장으로 운전석에 앉아 있을 때가 파트너에 대해 더 잘 알고 비즈니스나 인간관계와 관련하여 당신의 전략을 펼칠 수 있는 기회라는 것을 알아야 한다. 또한 이때는 언행을 최대한 신중히 하고 상대방을 관찰, 분석, 판단해야 하는 때이기도 하다.

질문을 하고 귀를 기울여라

몇 년 전에 친구와 함께 바에 앉아서 얘기를 나누고 있을 때 한 여자가 와서 내 옆에 앉았던 일을 기억하고 있다. 나는 그녀와 한담을 나누면서 어떤 일을 하는지, 어디에 사는지 그리고 뉴욕이 마음에 드는지에 관해 이것저것 물어 보았다. 그리고 나의 친구가 끼어들어 취미, 가족, 결혼, 아이 등 그녀에게 개인적인 질문을 하기 시작했다.

그녀가 가고 난 다음, 나는 너무 사적인 것들을 물은 친구를 나무랐다. "대뜸 그런 식으로 그녀를 당황하게 만들다니 너무한 것 아닌가!"라는 나의 단호한 말에 나보다 나이가 훨씬 많았던 그는 "더 심한 건 자네야. 곧바로 핵심으로 들어갔지 않나."라고 말하면서 웃었다. 그의 말이 옳았다.

장차 비즈니스 파트너나 고객이 된다거나 혹은 새로운 친구가 될 사람과 카트를 타고 이동할 때, 바로 이 같은 개념이 적용될 수 있다. '한담'이 아니라 당신이 어떤 종류의 사람을 마주하고 있는지 그리고 그들이 어떤 종류의 '보따리'를 가지고 있는지 알 수 있도록 단도직입적으로 질문하라. 이런 방법으로 노력을 기울일 만한 가치가 있는지 판단하기 위해 무게를 달고 이에 따른 전략을 마련할 수 있다.

당신이 질문을 받았을 때는 대답하기 전에 먼저 생각하고 거짓말을 해서는 안 된다. 거짓말은 당신을 쫓아와서 당신의 뒤꿈치를 물 수 있다.

다음은 비즈니스를 논의할 때 당신이 질문하거나 대답해야 할 내용을 예로 든 것이다.
당신의 기업은 개인 소유입니까, 아니면 공공소유입니까?
당신의 회사는 지난해에 얼마나 성장했습니까?
당신은 얼마나 멀리 예상하고 계십니까?
당신의 미래를 예상하는 데 있어 내가 어떤 역할을 할 것이라고 봅니까?

그가 질문에 대해 대답할 때, 얼마나 솔직하게 대답하는가를 알기 위해 그의 눈과 몸의 움직임을 관찰하라.
또한 말을 하는 것보다는 많이 듣는 것이 최선이다. 지혜롭게 귀 기울여 들을 때, 당신은 그 말 뒤에 가려진 것을 보게 되고 그 사람이 어떤 입장에 있는지 알 수 있다.

단순히 기억력에 의존하지 마라

플레이 파트너에 대해 기록해 둔다. 특히 비즈니스와 관련한 문제에서는 더욱 그렇다.

새로운 인물과 플레이를 할 때, 그가 가장 좋아하는 레스토랑이나 클럽, 배우자나 자녀들의 이름 혹은 핸디에 관해 별도로 적어 두면 전혀 나쁠 것이 없다.

기록을 대신하는 현명한 방법이자 훨씬 더 안전한 방법은 먼저 기억력 훈련을 하고, 이 책 뒷부분에 첨부된 계획표를 이용하는 것이다. 이런 양식으로 당신은 그 날의 골프가 끝난 후 자신이 기억할 수 있는 모든 것을 '다운로드' 받을 수 있다.

화제를 돌려라

질문은 요령 있게 한다. 분명한 것은 그가 예민해지거나 당황하는 것같다는 느낌이 들 때는 질문을 멈추어야 한다. 입장이 바뀐다면 어떻겠는가?

플레이 파트너가 당신에게 개인적인 질문을 많이 하기 시작할 때, 특히 재정과 관련한 질문을 하기 시작할 때는 화제를 딴 곳으로 돌려야 할 때다. 당신의 파트너가 이야기를 장황하게 늘어놓기 시작할 때 그리고 당신이 회피하고 있는 것같다는 인상을 주지 않고 대화를 계속하고 싶을 때 효과적인 화제 변화가 도움이 된다.

이를테면 스키, 여행, 야구, 연극, 오페라 등으로 화제를 바꾸어야 할 또 다른 시점은 상대방이 정말 형편없이 플레이를 하고 있을 때이다. 그가 이야기 할 수 있을 만한 어떤 화제를 찾는다면 당신은 좋은 점수를 얻을 것이다. 사실, 이때는 당신이 비즈니스에서 그를 위해 무엇을 할 수 있는가 혹은 두 사람이 함께 무엇을 할 수 있는가에 관해 말을 꺼내기 가장 좋은 시점이다. 이야기를 장황하게 늘어놓는 것 같은 인상을 주지 않도록 한다. 게임을 시작하기 전에 당신이 해 두었던 숙제에 기초하여 이야기를 시작한다.

주량을 조절하라! 그렇지 않으면 대가를 치를 것이다

상호 협력의 기회가 많아지고, 골프 모임과 클럽 이벤트 등 활동이 날로 증가함에 따라 집과 사무실을 떠나서 술을 마시며 즐거운 시간을 보내기 위한 수단으로 골프를 이용하는 골퍼들이 많다. 파트너의 주량이 얼마나 되는지, 자제력을 잃는지 그렇지 않은지를 통해 많은 것을 알 수 있다. 술은 자기 방어의 벽을 낮추기 때문이다.

최근에 내가 클럽으로 초대한 한 친구가 클럽하우스까지 가서 (전반 9홀이 끝난 후) 6병들이 맥주 한 팩을 주문하더니 계산서를 내 앞으로 달아 놓았다. 나는 플레이를 하는 동안에는 대개 술을 마시지 않는다. 알코올은 일종의 아드레날린 억제제 역할을 한다고 생각한다. 때문에 나는 술을 전혀 하지 않은 온전한 상태로 매치를 하고 그로 인한 긴장을 극복하기를 좋아한다. 어쨌든 나는 기꺼이 이 친구에게 맥주를 냈던 것같다. 그러나 그는 좋지 않은 방식으로 그 상황을 만들어 갔고, 적지 않은 실수를 했다. 그것은 그가 자기중심적이며 자신이 원하는 바를 얻기 위해서는 남의 감정에는 신경 쓰지 않는 사람이라는 것을 보여 준 것이다.

플레이에 몰두하지는 않은 채 술만 마셔 대는 골퍼를 나는 참을 수가 없다. 이런 유형은 대개 변명을 늘어놓는 사람이기 십상이며, 라운딩을 마칠 무렵 이런 소리를 늘어놓기 일쑤다. "이런, 술을 많이 마시지 않았다면 훨씬 더 좋은 플레이를 할 수 있었을 텐데 말입니다."

또한 나는 취할 정도로 술을 마셔야만 집단의 일원으로서 동질감을 느낄 수 있다고 생각하는 사람도 두고 보기 어렵다. 그런 식으로 자신의 불안정성을 드러내 보이는 것이다. 골프가 그렇게 술을 마시는 것으로 되는 것이라면 그것도 괜찮을 것이다. 보통 때는 술을 좋아하지 않는 사람이 그날 술을 너무 많이 마셔서 하루를 망쳐 버렸다면, 당신은 그의 성격 중 중요한 부분을 들여다 본 것이다.

당신이 술을 좋아하는 편이라면 게임에 집중해야 한다는 것을 명심하고, 진지하게 골프를 하는 사람과 함께 플레이를 하는 경우에는 더욱 그렇다. 하지만 맥주 몇 잔쯤은—혹은 위스키 몇 잔 정도는—너끈히 마실 수 있다는 것을 생각하고는 있어야 한다. 골프는 품위 있는 게임이며, 따라서 술을 마시지 않고 품위 있게 행동할 수 있다면 코스에서는 술을 마시지 않는 것이 좋다. 더욱이 당신이 다른 사람을 초대했든 아니면 초대를 받은 손님이든, 언행이 돌변하는 것을 상대방이 지켜본다면 당신의 신뢰도는 손상을 입게 될 것이 뻔하다.

주량이 많은 사람은 플레이 진행 속도가 빠른 경향이 있는데, 이것은 비가 오는 날에는 매우 위험하다. 나는 술에 취한 골퍼가 몰던 카트가 연못에 빠져서 뒤집어 지는 것을 목격한 적이 있다.

그가 자제력을 잃고 행동하더라도 성급하게 "그만하면 됐습니다. 매치에서 지는 것이 문제가 아니라 그렇게 몰다가는 모두를 죽이겠습니다."라는 식으로 말을 해서는 안 된다. 상대방으로부터 "당신은 재미없는 사람이군요."라는 반응이 나온다면 끝장이다.

그가 "당신 말이 옳아요. 일에 대해 이야기해 봅시다."라고 말하면서 정도를 넘지 않고 멈춘다면 그에게 이야기할 기회를 준다. 어쩌면 그는 이혼을 했다거나 집안에 좋지 않은 일이 있었다는 말을 할지도 모른다. 이런 경우에는 공감하는 심정으로 귀기울여 들어줌으로써 그의 마음을 얻을 수 있다.

코스 규칙과 표지판

 카트를 몰고 나가도록 허용된 경계선 표지를 무시하고 그린 근처나 티 너머로 몰고 가는 골퍼는 '잠재적인 패자'일 확률이 매우 높은 사람이다. 또한 그 전날 비가 많이 내렸기 때문에 통로를 따라서 카트를 운전해야 한다는 말을 듣고서도, 페어웨이 위로 몰고 나가는 사람도 마찬가지이다.
 그럼에도 불구하고 이런 사람과 어울려야 한다면, 당신이 원하는 목표에 이르기 위해서는 그를 다시 잘 가르치고 통제해야 할 것이다. 왜냐하면 이런 식으로 행동하는 사람들은 매사에 지나치게 적극적으로 덤비는 경향이 있으며, 이기기 위해서는 어떤 수단이라도 취할 것이기 때문이다.

하프웨이 하우스 전략

핫도그, 햄버그 혹은 샌드위치를 먹기 위해서가 아니라 음료수를 마시며 이야기를 나누기 위해서 라운딩 도중에 하프웨이 하우스에 들러 잠시 쉬는 시간을 마련하자.

날씨가 허락한다면, 여름날에는 시원한 바람이 얼굴을 스치는 것을 느끼면서 야외 테이블에 앉아 간단한 음식을 먹으면서 격의 없이 이야기를 나누거나, 혹은 가을에 낙엽이 떨어지는 것을 바라보면서 골프가 인생에서 어떤 의미인지 깨달을 수 있는 좋은 시간을 가질 수 있다. 이는 그를 좀더 '읽을 수 있는' 기회이자 다시 비즈니스에 관해 이야기하거나 골프 경력을 화제로 삼을 수 있는 이상적인 시점이기도 하다. 전반 9홀을 도는 동안 둘 사이의 거리감이 어느 정도 좁혀진 후이기 때문에 훨씬 긴장감이 덜 하다는 것을 느끼며, 서로 마주 앉아 이야기를 나눌 수 있을 것이다.

만약 상대방이 플레이가 너무 힘들기 때문에 예상보다 서둘러 마치는 것이 좋겠다고 말한다면 그의 의견에 따른다. 하지만 이때에도 나중에 저녁 식사를 함께 먹자는 제안을 하는 것을 잊지 않는다.

당신이 호스트인데, 그가 플레이를 잠시 중단하자는 제안을 하고 당신이 여기에 동의한다면 그의 행동을 관찰할 필요가 있다. 술을 한 잔하거나 핫도그를 먹기 위해 도중에 멈추는 것은 흔히 있는 일이다. 행동에 주의하고 그가 돈을 지불하는 경우에는 너무 많은 음식을 주문하지 않는다. 맥주, 사탕, 핫도그 등을 가지고 카트로 돌아오는 그를 유심히 관찰한다. 19홀에서 한두 잔 더 술을 마시기 위해 머무르고 싶어하는 유형의 사람이라는 판단이 섰다면, 라운딩을 하느라 너무 빨리 출발했던 것에 대해 그에게 양해를 구한다.

무심코 드러나는 행동을 찾아라

게임을 시작하기 전 점심이나 아침을 먹지 않았기 때문에 하프웨이 하우스에서 누군가를 처음 만날 때, 나는 늘 찾아보아야 할 신호에 대해 생각한다. 이것은 영화배우 텔리 사발라스로부터 배운 것이다(골프를 하는 동안 누구를 만나게 될지 그리고 무엇을 알게 될지 당신으로서는 알 수가 없다).

나는 쇼우-암 골프라고 불리는 토너먼트에 출전했던 존 존즈를 통해 텔리를 알게 되었다. 텔리는 밥 호프를 위해 대회 주최측의 일원으로 참여했다. 존즈의 사무실은 런던에 있었고, 그 당시 나는 런

던의 〈골프 일러스트레이티드(Golf Illustrated)〉지에서 일하고 있었다. 존즈는 내게 토너먼트 프로그램을 짜는 일을 해 보는 것이 어떻겠느냐고 제안하면서 텔리와 점심 식사를 같이 하자고 말했다.

점심을 먹는 동안, 우리들의 대화는 사람을 읽고 판단하는 쪽으로 흘러갔다. 나는 존즈가 사우디아라비아의 항공 프로그램 작성에 참여하고 있다고 말했기 때문에, 그가 그 일을 재미있어 한다고 생각했다. 존즈의 말에 따르면, 누군가가 이렇게 말하거나 행동한다면 그는 신뢰할 수 없는 사람이다.

"진심으로 이렇게 말하는 것입니다." 당신은 진실성이 가장 부족한 사람과 마주하고 있을 가능성이 있다.

"전, 정직한 사람입니다." 거짓말쟁이!

"저를 아는 누구에게든 물어 보세요, 다들 제가 다른 사람에게 손해를 끼치는 행동은 결코 하는 않는 사람이라고 말할 것입니다." 사기꾼

기도하는 사람처럼 손을 모으기도 하고 자세를 꼿꼿하게 세우는가 하면, 손가락 끝을 마주 대느라 모았던 손을 뗀다. 당신에게 말을 하는 동안 손을 몇 번이나 앞으로 내젓기도 하고, 당신의 이야기에 열심히

귀를 기울이고 있는 것같다. 당신이 말하는 것을 한마디도 듣고 있지 않다. 그는 단지 비즈니스에 있어 당신을 꼼짝못하게 할 수 방법에 대해 생각하고 있는 것일 뿐이다.

오른쪽 검지를 윗입술에 갖다 대고 계속 고개를 끄덕이는 모습이 당신이 현재 직면해 있는 문제를 무척 안타까워하는 것같다. 그는 자신의 시간을 얼마나 낭비했는지 생각하면서 라운딩이 끝날 때까지 기다리지 않고 클럽을 떠나야겠다는 생각을 하고 있다. 사실, 고개를 끄덕이는 것은 자기 스스로에게 하는 행동이다. 그는 집으로 가는 길에 잠시 바에 들러서 마티니나 한두 잔 해야겠다는 생각을 머리 속으로 굳히고 있는 것이다.

안경을 벗어서 닦고는 도로 끼고, 그러다가 5분 후에 다시 똑같은 행동을 한다. 안경을 도로 꼈다가 잠시 후에 도로 벗더니 안경다리 끝으로 이를 톡톡 두드린다. 그는 시선을 마주침으로써 자기 자신을 드러내고 싶지 않기 때문에 자꾸 다른 행동을 하고 있는 것이다.

이 밖에도 그 사람의 진짜 성격을 드러내는 효과적인 신호들이 많다.
그와 함께 라운딩을 하면서 그의 행동과 반응을 관찰함으로써 비로소 이런 것들을 알 수 있다. 그것은 당신이 그에게 질문을 했을 때 눈길을 다른 곳으로 돌리는 것 같다는 느낌일 수도 있고, 편하지 않다고 느낄 때 코를 자꾸 만지기 시작하는 행동이 될 수도 있다. 당신이 말로 대답해 주기를 기다리고 있을 때 그는 그냥 웃기만 하는 것이 될 수도 있다. 이 모든 것들을 기록해 두었다가 스스로 해석하고 결론을 내려야 한다.

기다리는 게임을 하라

잠재적인 비즈니스 관계를 맺기 위해 상대방을 기다리는 사람은 유리한 입장에 있다고 할 수 있다. 결과를 기다려야 하는 처지에 있다면 그가 말할 때 주의를 기울여야 한다. 게임 전의 준비, 전반 9홀을 도는 동안 상대에 대해 알게 된 사실들 그리고 언뜻 뇌리를 스치는 생각들이 이성적으로 대응하는 데 도움이 될 것이다. 어떤 분야의 사업이든 관계없이 사람들은 돈을 많이 벌 수 있는 방법에 관해 듣기를 좋아한다. 따라서 너무 많은 충고를 잡다하게 늘어놓을 것이 아니라, 실제 수치에 기초한 적당량의 양질의 정보를 가지고 상대방을 감질나게 해야 한다. 카트에 동승하고 있는 사람과 사적인 관계를 만들고 싶다면, 어떤 경우에도 자연스럽게 행동하는 것이 최선이다.

자신의 핸디에 맞게 플레이하라

코스에서 성공을 거둔다는 것은 어떤 면에서는 떳떳하고 공정하다는 것을 보여 주는 것이다. 그렇다, 당신을 이기기 위해 나온 사람과의 일전은 불가피한 것이다. 비열해지지 않고 감당하기 힘든 돈을 잃는 일이 아니라면 선의의 경쟁은 전혀 나쁠 것이 없다.

친선을 도모하는 차원에서 내기 게임을 할 때 전반 9홀의 스코어가 상대방보다 좋았다면, 후반 9홀에서는 몇 타 정도 접어주겠다는 제안을 해 본다. 물론, 그는 자존심 때문에 또는 내기는 내기라는 생각에서 이 제안을 거절할 수도 있지만 상관없다. 어쨌든 이런 제안을 한다고 해서 당신에게 득이 되었으면 되었지 나쁠 것은 없기 때문이다.

가장 다루기 어려운 유형은 전반 9홀에서 진 후에 후반 9홀에서 내기 금액을 두세 배로 올리려고 드는 사람이다. 대개의 경우 나는 이런 제안을 거절하는데, 내기 금액이 과도해지면 전체적인 분위기 자체가 바뀐다는 것을 알기 때문이다. 이런 식의 내기를 받아들이게 되면, 결과적으로 두 사람 모두에게 좋지 않은 상황이 발생할 뿐이다. 후반 9홀과 상당한 액수의 금액이 모두 당신 차지가 된다면 상대의 기분이 상할 것은 뻔하다. 당신이 진다 하더라도 아마 그와 다시 플레이하고 싶은 기분이 나지 않을 것이다.

말 그대로 꾼들이 있다는 것을 믿지 않는 골퍼들이 많다. 장담컨대, 이런 사람들은 존재한다. 코스에서 당신을 이긴 다음, 바에서 술을 사면서 마치 판에 박은 듯이 다음과 같은 말을 하면서 포커를 하자는 제안을 한다. "이보게, 자네 돈을 되찾을 수 있는 기회를 주지." 어떤 일이 있어도, 이런 꾐에 넘어가서는 안 된다.

통상적으로 범하기 쉬운 실수를 피하라

 플레이 파트너가 코스에서 하는 행동들을 관찰하는 과정에서 그의 성격을 파악할 수 있는 통찰력을 얻게 되고, 따라서 상당한 시간과 노력을 덜 수가 있다. 라운딩이 끝날 무렵이 되면 당신은 지속적으로 관계를 발전시켜 나가고 싶은 사람과 피하고 싶은 사람을 구분할 수 있게 될 것이다.

 다른 사람이 스트로크 할 준비를 하는 동안에는 말을 하지 말라든지 퍼팅을 시도하는 동안에는 움직이지 말라든지 하는 기본적인 에티켓을 잘 익혀야 한다는 말을 여기에서 더 설명할 필요는 없을 것이다. 이보다는 비즈니스나 사적인 관계를 형성하고 싶은 사람과 플레이할 때에 중대한 결과를 가져올 수 있는 실수를 하지 않도록 주의해야 한다는 말을 하고 싶다.

공을 주의하라

다른 사람의 공에 주의하지 않는 사람은 대개의 경우 다른 사람의 성공과 자기보다 기량이 나은 플레이를 하는 사람을 질투하고 욕심이 많으며 자기중심적인 경향이 있다.

파트너가 한 샷이 그린을 벗어나 숲에 들어가 버렸다면, 반드시 공이 날아간 지점을 확인한다. 이렇게 당신이 재빨리 공을 찾아냄으로써 상대방을 흐뭇하게 만들 수 있는 기회를 잡는다. 플레이 파트너가 기분이 상한 채, "내가 공을 어디로 쳤는지 못 봤습니까?"라고 화가 나서 묻도록 만드는 것보다 더 당혹스러운 경우는 없을 것이다.

반응하라, 과장하지 마라

핸디가 얼마든 상관없이, 지혜로운 골퍼라면 자신이 형편없는 샷을 했을 때 당신이 그것을 속으로 비웃는지 아니면 진심으로 위로의 말을 하는지 구별할 수 있다. 그는 당신을 제대로 꿰뚫어 보고 있기 때문에 그렇지 않은 채 하느라 애쓸 필요가 없다. 그가 정말 멋진 샷을 구사했다면 "굿샷!"이라고 한마디 하는 것으로 족하다.

때로 적절하지 못한 말이 될 수 있는 표현들을 예로 든다면 다음과 같다.

"나쁘지는 않군요." 공이 우측으로 슬라이스 되었을 때

"저런, 적어도 제대로 때리기는 했어야죠." 위쪽을 깎아 친 공이 페어웨이를 따라 겨우 100야드 정도 굴러갈 때

"이해가 안 되는 군요. 스윙은 아주 괜찮았는데 말입니다!" 공이 좌측으로 훅되어 울타리 근처로 날아갔을 때

"클로즈시켰어야죠. 약간 아래쪽에 갖다댔군요." 공이 공중으로 붕 떠서 겨우 50야드 날아가더니 페어웨이 위로 툭 떨어질 때

"좀더 가까이 붙였어야 했는데." 퍼팅한 공이 홀과 10피트 떨어진 지점으로 굴러갈 때

"아깝다!" 공이 페이드 되었을 때

"맙소사, 웨지를 죽였군요." 샷이 낮게 깔리면서 그린을 30야드 날아갈 때

짜증을 내는가

끊임없이 투덜대거나 클럽을 내던지는 사람은 당황하지 않기 위해 방어 기재를 사용하고 있는 사람이다. 이런 사람들은 평소에는 이런 형편없는 샷을 하는 경우가 많지 않기 때문에 자신이 특히 화를 내는 것이라고 당신이 생각해 주기를 바란다. 이런 유형의 사람에게는 스포츠 심리학자 밥 로텔라 박사의 "골프는 완벽한 게임이

아니다."라는 말을 상기시켜 줄 필요가 있다. 더욱 중요한 것은, 이런 반응은 그가 실수를 인정하고 싶어하지 않는 미성숙한 사람이라는 것을 드러내는 것이다. 클럽이 머리 위로 휙 날아가는 소리가 들렸다면, 당신은 그런 행동을 용납하지 않는다는 것을 알려 주면서 그의 행동을 꾸짖는다.

담배를 피우느냐 피우지 않느냐

어떤 이유 때문인지는 모르겠지만, 골프 코스에서 담배를 피우는 것에 관한 규정은 마련되어 있지 않다. 아마 이들 규칙은 모두 실외 활동과 관련된 것이기 때문에 담배를 피워도 되는지 묻는 사람이 아무도 없기 때문일 것이다.

역설적으로 나는 규칙에 전혀 개의치 않는 것처럼 보이는 사람들 중에서 당신을 위해 어떤 일이든 할 것 같은 사람들이 있다는 것을 알게 되었다.—당신에게 여유를 주고, 잘 참아 주며, 법이 정한 범위 내에서 다양한 각도로 일을 조정하고 어떤 경우에도 신뢰를 유지한다.

멍청이가 되지 마라

골퍼에게 가장 당혹스러운 순간 가운데 하나는 그린에서 파트너에게 웨지나 칩핑 클럽을 이전 홀에 놔 두고 왔다거나 드라이버 헤드커버를 이전 티에 두고 왔다고 말해야 하는 때다.

클럽을 가지러 가기 위해 카트를 멈추고 이전 홀로 되돌아가거나 고객의 면전에서 산만한 사람처럼 당황한 모습을 보여서는 안 된다.

홀이 끝날 때마다 재빨리 클럽의 숫자를 점검하라. 앞에 놔 두고 온 클럽이 없이도 플레이를 계속할 수 있다는 생각이 든다면, 차라리 아무 말 하지 않는 것도 좋은 방법이다. 라운딩이 끝나기를 기다렸다가 코스 관리 직원이나 프로에게 사람을 보내 클럽을 찾아서 보내 달라고 부탁한다.

사람들을 향해 샷 날리기

앞에서 플레이하는 그룹의 진행 속도가 느린 경우 뒤에 따라오면서 플레이하는 그룹에게 신호를 해 주어야 한다. 하지만 앞의 골퍼들이 예의바르게 행동하지 않는다고 해서 그들을 겨냥하여 샷을 할 수는 없는 일이다. 당신의 고객이 코스에서의 교통 체증에 어떻게 반응하는지 지켜보면서 그에 대해 많은 것을 알 수 있다.

내가 한때 골프를 가르쳤던 롱아일랜드의 한 코스에서, 어떤 골퍼가 동료 골퍼에게 "저런 사람들은 정신을 차리도록 만들어야

해."라고 말하면서 앞에서 느리게 플레이를 하고 있던 한 무리의 사람들을 향해 드라이브 샷을 날렸다. 그 공은 한 예술가의 눈에 맞았고, 그는 결국 시력을 잃고 말았다.

당신의 고객이 플레이 속도가 느린 골퍼들에게 샷을 날리고, 그들이 피하느라 달아나는 것을 지켜보면서 즐거워한다면, 이것은 그가 분노를 자제할 줄 모르고 다른 사람의 입장을 고려할 줄 모르는 사람이라는 확실한 신호다. 만약 누군가가 당신과 고객을 향해 샷을 날렸다면, 놀라서 당황하는 모습을 보여서는 안 된다. 카트의 방향을 되돌려 가서 그 사람들을 점잖게 질책한다. 다시 그렇게 행동하는 경우에는 코스 관리자나 클럽 소속 프로에게 이 사실을 알린다.

당신이 속한 그룹의 플레이 속도가 느린 경우에는, 뒤에 따라오는 사람들의 입장을 고려하여 필요하다면 그들이 먼저 플레이하고 지나가도록 배려한다. 당신과 포섬을 함께 하는 사람들 가운데 누군가가 만약 다른 그룹이 먼저 플레이하도록 길을 비켜 주고 싶지 않아서 서두르다가 형편없는 플레이를 한다면, 그는 실수를 할까 봐 두려워하거나 일이 순조롭게 진행되지 않을 때조차도 승부에서 물러서고 싶어하지 않는 사람이라는 것을 말한다.

가르치는 일은 프로에게 맡겨라

내가 앞에서 말했듯이, 게임에 어려움을 겪고 있는 고객에게 간단한 조언을 하는 것은 괜찮다. 하지만 당신이 초대한 사람에게 미국 최고의 골프 지도자들의 스윙 이론을 설명할 때는 신중해야 하며, 반대로 당신을 초대한 사람이 이런 식으로 도와 주려고 나설 때 이를 자제하도록 만들 수 있을 만큼 분명한 태도를 취할 줄도 알아야 한다.

연단에 서서 강연을 하듯이 장황하게 말을 늘어놓는 사람들은 (타이거 우즈의 코치인 부치 하몬 같은 유명인물들의 스윙 이론을 언급하면서), 혼자서 떠들어대기를 좋아하는 사람들이다. 이런 사람들은 남의 이야기에 귀기울일 줄 모른다. 잘 기억해 두었다가 라운딩을 마친 후 분석 자료로 기록해 두어야 한다. 이들은 실제로 당신이 한 말을 한쪽 귀로 흘려듣고 곧 잊어버린다.

스코어 기록에 주의하라

당신이 골프모임 주최자이건 아니면 다른 사람이 연필로 숫자를 기록하는 것을 지켜보고 있는 입장이건 간에 스코어를 기록하는데는 요령이 있다. 숫자 이면에 정직함이 있을 수도 있고 속임수가 자리잡고 있을 수도 있기 때문에 기록을 꼼꼼하게 지켜보아야 한다.

속임수를 쓰는 사람들을 경계하라

좀도둑형 이런 유형은 형편없이 나온 어느 한 홀의 성적을 인정할 수 없어 하며, 실제 스코어 7타를 6타로 기록한다.

대담한 도둑형 이런 유형은 속임수를 쓰는 방법이 훨씬 더 주도면밀하다. 연속 두 홀에서 성적이 좋지 않을 경우, 다음 몇 홀이 끝날 때까지 자신과 당신의 성적을 고의로 기록하지 않는다. 나중에 가서야 기록하지 않은 성적을 한꺼번에 기록한다. 앞서 형편없는 플레이를 했던 두 홀에 이르러 그는 실제보다 낮은 스코어를 기입한다. 예를 들면, 한 홀에 대해 7타가 아니라 5타, 다른 한 홀에 대해서는 6타가 아니라 4타라는 식이다. 당신은 그의 스코어를 알고 있다. 하지만 그는 당신이나 그 외 다른 사람이 눈치채지 못하도록 잘 속여 넘겼다고 믿고 있다. 더 나쁜 것은 그가 자신의 스코어를 기록하면서 당신의 스코어 가운데 어느 한 홀의 성적도 함께 낮춰서 기록하는 것을 당신이 눈치챘을 때이다. 그는 당신의 스코어도 더 좋게 만들어 주었기 때문에 당신이 아무 말도 하지 않을 것이라고 생각하는 것이다.

날강도형 이런 유형은 라운딩이 끝날 무렵 지우개나 침으로 이미 기록된 자신의 스코어를 지우고 아예 숫자를 뜯어고치는 사람이다. 이런 유형은 드물기는 하지만 실제로 이런 사람들이 있다.

토너먼트 대회에서 이런 일이 벌어진 경우 사실을 밝혀야 하지만, 속임수를 쓰는 사람을 처리하는 일은 쉽지 않다. 만약 당신이 아무 말도 하지 않는다면 당신은 나머지 다른 참가자들을 속이는 것이 된다. 친선 게임인 경우, 속임수를 쓴 상대방에게 당신의 스코어 가운데 일부가 제대로 기록되어 있지 않다는 사실을 넌지시 알려 주어야 한다. 이렇게 함으로써 적어도 당신은 정당하게 게임에 몰두할 수 있게 된다. 크게 걱정할 필요는 없다. 언젠가 그는 자신의 속임수로 인해 덜미가 잡힐 것이다.—코스에서가 아니라면 인생에서.

카드를 찢을 때

업무상 중요한 고객과 함께 골프를 하는데, 그는 이전에 당신에게 내기 게임을 하자는 제안을 한 적이 있었던 고객이다. 그런데 오늘 따라 그의 플레이가 잘 풀리지 않는다면, 당신은 가볍게 "스코어 생각은 하지 말고 즐기면서 해 봅시다."라고 말한다. 그런 다음, 카드를 반으로 찢어서 티 옆에 있는 쓰레기통에 던져 넣는다. 이렇게 증거가 사라짐으로써 상대방의 기분이 홀가분해지도록 만들 수 있다. 보장하건대, 이렇게 한 다음부터 그의 플레이가 좋아지기 시작하고, 당신은 19홀에서 대화를 쉽게 이끌어 갈 수 있게 될 것이다.

이때쯤, 당신은 고객의 진면목을 정확하게 파악하고 앞으로 만남을 더 진전시켜야 할지의 여부를 알고 있어야 한다. 카트를 함께 타고 이동하면서 귀중한 정보를 파악했던 것과 마찬가지 방식으로, 당신은 19홀에서 술이나 식사를 같이 하는 동안 상대방에 대해 더 많은 것을 알게 된다. 이들 장소에서 대화를 나누는 동안 당신은 성공을 향한 기회를 날려 버릴 수도 있고, 기존의 좋았던 것들을 고스란히 이어갈 수도 있다. 그러므로 준비가 되어 있어야 하며, 하루를 잘 마무리하고 자신에게 또 다른 희망을 주기 위한 전략적인 행동을 마련해야 한다.

제 3 장

골프가 끝난 후

19홀에서의 라운딩 후 '읽기'와 플레이에 대한 최종분석

 플레이가 종료되었다고 해서 당신의 임무가 끝난 것은 아니다. 라운딩이 끝나고 깃대가 홀에 도로 꽂히는 순간부터 제대로 해야 한다. 다시 말하건대, 당신의 플레이 파트너도 당신을 읽고 있다는 것을 기억하라. 라운딩을 마친 후 파트너와 악수를 할 때 함께 골프를 즐긴 것에 대한 기쁨의 표시로 그의 손을 단단히 잡음으로써 스포츠맨십을 아는 사람이란 인상을 줄 수 있다. 만약 그날은 시간 낭비에 불과했고 더 이상 기대할 수 있는 것이 없다는 판단이 드는 경우에는 재빨리 마무리하고 자리를 뜬다.

게임이 무리 없이 부드럽게 진행되었다면, 그에게 19홀에서 간단히 술이나 식사를 하자는 제안을 함으로써 그날의 분위기를 이어 가야 한다. 19홀은 승리를 위한 마지막 무대이자 상대의 성격을 읽기 위해 필요한 정보를 수집할

수 있는 마지막 기회인 것이다.

이 책의 말미에서 나는 19홀에서 플레이 파트너에 대해 더 많은 것을 읽을 수 있는 전략, 출발 규칙 그리고 상대방을 분석하는 중요한 분석 과정에 대해 다시 언급해 두었다.

당신의 목적이 비즈니스건, 사교적인 관계 발전이건 간에 19홀은 당신의 임무가 완수될 장소이다. 시종일관 주의를 늦추지 않음으로써 함께 플레이했던 상대에 대한 최종분석을 마친 이후에 해야 할 플레이를 제대로 할 수 있어야 한다. 이것이 성공의 비결이다. 그날 관찰 임무를 완수할 수는 없었지만 '두고 보아야 할 점'이 남아 있다고 여겨진다면, 다음에 그와 다시 코스에서 만났을 때 기존에 알고 있던 것을 적절히 활용한다.

지금까지 인생을 살아오면서 나는 많은 경우에 열린 기회들이 가져다 준 이점을 활용했고, 19홀을 나의 사무실이라고 여겨 왔다. 하지만 나의 인생에서 20여 년 전 내가 골프 지도자에서 골프 저자로의 변화를 모색하고 있었을 때만큼 중요한 시기는 없었다. 19홀에서 술을 함께 마시면서 파악했던 사항들을 다음날 그들과 다시 플레이할 때 적용했다. ─ 이 둘 가운데 한 명은 나의 삶을 바꾸는 데 도움이 될 수 있는 인물이었다.

1977년, 나는 버뮤다에 있는 벨몬트 호텔에 머물면서 그곳의 컨트리클럽에서 휴가를 보내고 있었다. 그곳에 도착하자마자 곧 짐을 풀고, 오후에 코스에 나가고 싶다는 바람을 골프샵에 전했다.

"손님께서는 투섬에 참가하실 수 있습니다. 영국에서 오신 아버지와 아들이 참가하는 것입니다."라고 프로가 말했다. "예, 괜찮군요." 나의 캐디인 버디와 함께 첫 티를 향해 걸어가면서 나는 대답했다.

"전 로널드 폭스이고, 이 애는 내 아들 닐입니다."라고 그는 말했다.

"존 안드리사니입니다. 두 분을 뵙게 되어 반갑습니다." 그들과 악수를 나누면서 나는 말했다.

함께 라운딩을 하는 동안 나는 말하기보다는 주로 듣는 편이었고, 주니어 폭스에게 스윙과 샷에 관해 약간의 조언을 해 주었다. 폭스 씨는 자신을 관찰하고 평가하며 자신의 게임에 몰두해 있는 쪽이었다.

라운딩이 끝난 후, 폭스 씨는 그들 부자와 함께 한잔 하자며 나를 초대했다. 그는 내게 자신은 런던에서 발행되는 월간지 〈파 골프(Par Golf)〉의 발행인이라고 말했다. 그 말을 듣는 순간 나는 하마터면 의자에서 떨어질 뻔했다. 나는 그에게 골프에 관한 책을 쓰는 것이 꿈이라고 말했다. 그리고 몇 잔을 더 마셨을 때쯤, 그는 내게 소질이 있다고 말했다(술자리에 초대한 사람으로서 나를 기분 좋게 해 주기 위해 한 말이기는 했지만).

그때 그 자리에서 나는 그가 검소한 사람이라고 생각했고, 나의 이런 판단은 확실히 옳았다. 내가 계산서를 얼른 집어 들고 그가 계산하려는 것을 가로막았는데, 이는 확실히 옳은 행동이었다.

그날 저녁, 나는 폭스 부자가 묵고 있는 방으로 전화를 걸어 다음날 함께 골프를 하자고 제안했다. 폭스 씨는 "예."라고 대답했고, 그 대답은 나의 인생을 바꾸어 놓았다.

두 번째 라운딩을 하는 동안, 나는 좀더 적극적으로 행동했다. 폭스 씨에게 워커컵—영국과 아일랜드 아마추어팀과 미국 아마추어팀 간에 2년에 한 차례 이루어지는 매치—을 취재할 사람이 있는지 물었다. 그 해, 이 대회는 뉴욕 롱아일랜드에 있는 시네콕 힐스 GC에서 개최될 예정이었다. 나는 그에게 개최 장소가 내가 살고 있는 곳과 그리 멀지 않다고 말했다. 그는 대회와 관련한 글을 쓸 사람과 카메라맨을 그곳으로 대회 일주일 전에 파견할 예정이라고 말했다. 그 전날 술을 함께 마시면서 그가 돈을 의식하는 사람이라는 것을 알고 있었기 때문에, 일을 내게 일임해 준다면 내가 알고 있는 카메라맨을 섭외하고 글은 내가 직접 쓸 수 있다고 제안했다. 그는 이 제안을 받아들인다면 상당한 자금을 절약할 수 있고, 내가 미국인이기 때문에 미국팀 선수들에 대해 많은 것을 알고 있다고 판단했다.

나는 그를 정확하게 읽었고 정확한 전략을 통해 내가 원하는 것을 얻었다. —골프에 관해 글쓰는 일을 직업으로 가질 기회.

나는 워커컵 취재를 마무리했다. 나의 기사는 좋은 평을 받았고, 그 이후 프리랜스 골프 작가로서 활동할 수 있는 문이 열렸다. 또한 영국으로 건너가 일을 찾을 수 있게 되었으며, 유명한 골프잡지 〈서레이 컨트리 매거진(Surrey Country Magazine)〉에서 일을 맡았고, 나중에는 〈골프 일러스트레이티드〉에서 부편집자로 일했다.

〈골프 일러스트레이티드〉는 내가 골프에 관해 재미있게 쓴 글 몇 편을 실었고, 이 외에 외국에서도 나의 글이 출판되었다. 영국에서 샌디 릴레와 함께 플레이하기도 하고, 〈Learning Golf:The Lyle Way〉를 공동 집필하기도 했다. 영국에서 상당한 성공을 거둔 후, 〈골프 매거진〉에 스카웃되어 내가 태어난 곳 뉴욕으로 다시 돌아왔다.

〈골프 매거진〉에서 골프지도 부문 편집장으로 일하는 동안, 나는 메디슨 가와 파크 가에 있는 두 곳의 사무실에서 일했다. 그때 나는 웨스트체스터 카운티와 코네티컷 근교에 있는 프라이비트 클럽에서 기업가들과 정기적으로 골프를 했기 때문에 이것은 놀랄 일이 아니었다. 또한 고객을 접대하느라 골프 출장도 잦은 편이었다. 이런 기회가 많을수록 나는 코스에서 인맥을 넓혀 갈 수 있었다. 골프에 매료되어 살아온 16년 동안, 나는 세계적인 PGA투어 프로들과도 플레이했고, 이들을 통해 코스에서 '일하는 법'을 배웠다. 그리고 TV프로듀서들과 할리우드 스타들과도 만났다.

오늘날 나는 여전히 월스트리트의 '선수들'과 성공한 비즈니스맨들과 자주 플레이를 한다. 이들은 내게 사람을 읽는 새로운 법과 혁신적인 전략들을 끊임없이 가르쳐 주고 있으며, 이 전략들은 고객과 골프를 할 때 놀라운 효과를 발휘한다는 것을 입증했다.

내가 19홀에서 로널드 폭스의 행동을 유심히 관찰하고 이를 활용하지 않았다면, 나는 오늘까지 여전히 골프를 가르치고 있을 것이고, 내가 가장 하고 싶은 일—골프 관련 글을 쓰는 것—을 하지 못했을 것이다.

다음에 나올 내용은 라운딩이 끝난 후, 다시 말해서 19홀에서 사람을 사귀고 사람들에게 영향을 발휘하는 비결을 적은 것이다. 여기 첨부된 조언들을 통해 당신은 자신에게 적합하지 않는 유형의 사람들을 구별하여 제외시키고, 당신의 일과 인간관계에 도움이 될 수 있는 사람들을 당신의 인생에 끌어들일 수 있게 될 것이다.

라운딩 후에 해야 할 일들

골프 게임을 거쳐 일을 진일보시키기 위해서는 코스 전략 이상의 노력이 요구된다. 플레이 파트너에게 지속적으로 강한 인상을 심어 주기 위해 라운딩을 끝마친 시점부터 그에게 작별인사를 하는 순간까지 마음을 놓아서는 안 된다.

악수

상대방과의 골프 라운딩이 만족스러웠는가 아닌가 여부를 떠나서 플레이가 끝났을 때 악수를 나누며 고맙다는 말을 함으로써 자신의 역할을 다하는 것은 중요하다. 물론 악수의 종류는 달라질 수 있다. 아주 멋진 시간을 보냈다면 손을 부여잡는 힘이 단단해 질 것이다. 그날 하루가 무의미했고 앞으로 두 사람에게 더 이상의 기회가 없다면, 마치 밀가루 반죽처럼 흐느적거리듯 부드럽게 잡는 악수를 통해 상대방으로 하여금 알 수 있도록 한다. 놀랍게도 상대방이 당신이 실망했다는 것을 느끼고 "제가 너무 많은 것을 마음에 담아 두지 않을 때 우리가 다시 이런 기회를 만들 수 있겠지요. 저의 문제로 인해 당신에게 부담을 주지나 않았는지 모르겠군요."라고 솔직하게 나올 수도 있다. 이런 정직한 말은 닫힐 뻔한 문을 열고, 19홀에서 한잔 하면서 일을 다시 되돌릴 수도 있다.

플레이 파트너가 여성인 경우에 괜찮다면 볼에 가볍게 키스를 하는 것도 괜찮다. 그렇지 않은 경우에는 그 날의 라운딩이 상당히 즐거웠다는 뜻을 전하기 위해 약간 힘을 주며 악수를 나누고, 그다지 유익하지 못했을 경우에는 가볍게 손을 잡는 것으로 대신할 수 있다.

재빨리 마무리하고 나오기

상대방이 냉담한 태도를 취하거나 시큰둥해 하거나 흥미가 없어 보이거나 혹은 실망한 듯이 보인다면, 그래서 그와 더 이상 시간을 보내는 것은 완전히 낭비라는 생각이 든다면 체면을 유지하면서도 자리를 모면할 수 있도록 선의의 거짓말을 한다.

"라운딩이 제가 생각했던 것보다 시간이 오래 걸렸습니다. 죄송하지만 이제 가 봐야 할 것 같군요."

"한잔하러 갔으면 좋겠지만 오늘은 제가 아이들을 돌봐야 하는 날입니다."

"선생님께서는 어떠신지 모르겠지만 저는 완전히 파김치가 되었습니다. 가서 좀 쉬어야 할 것같습니다. 제가 전화 드리겠습니다."
그리고 일단 차에 오른 다음, 두 사람의 입장에서 무엇이 잘못되었는지 찬찬히 생각한다.

라운딩 후의 골프지도

그 사람이 신뢰할 만하고 다시 만나고 싶은 사람이기는 하지만, 그날의 플레이가 그리 만족스럽지 못했기 때문에 그가 자리를 뜨고 싶어하는 것은 아닌지 궁금하다면, 내기에 대해서는 잊으라는 말과 함께 괜찮다면 연습용 티에서 그에게 도움을 줄 수 있다고 말해 보라. 도움이 필요하다면 클럽 소속 프로를 부른다. 따라 하기 쉬운 약간의 조언을 받은 후에 그의 샷이 더 좋아지면, 확신컨대 19홀에서 간단하게 무엇을 먹자고 할 것이다.

클럽과 골프와 보관

두 사람 모두 19홀로 가기로 한 경우에는 상대방이 먼저 준비를 하도록 해준다. 그가 일반 신발로 갈아 신고 라커룸에서 씻도록 제안한다. 그 다음 클럽의 직원이 고객을 그의 차로 안내하도록 두지 말고 당신이 직접 그의 차로 안내한다. 이것은 사소하지만 배려하는 마음을 드러내 보일 수 있는 가장 효과적인 방법이며, 그가 얼마나 성공한 인물인지 알아보는 방편으로 그의 자가용을 슬쩍 살펴볼 수 있는 기회이기도 하다.

상대방의 자가용으로 반드시 그 사람을 판단할 수는 없다는 것을 감안할 때, 그의 재정 상태는 그의 자가용과 전혀 관계가 없을 수도 있다. 한 예로 나는 피셔즈 아일랜드에 큰 저택을 소유하고 있는 미국의 어느 부유한 명문가의 골프 초대를 받곤 했는데 그는 낡은 보통 승용차를 몰고 다녔다. 어쨌든 종종 이런 경우가 있기는 하지만, 벤츠나 렉서스가 중고 폭스바겐보다는 고무적인 신호이다.—적어도 비즈니스 문제에 있어서는 그렇다.

19홀 프로토콜 준수하기

이제 당신은 달리기 경주에서 마지막 직선 주로에 들어서 있긴 하지만, 그렇다고 해서 느슨해지거나 술에 취해 안테나를 내려야 한다는 것을 의미하는 것은 아니다. 지금은 결승점에 골인하기 위해 경각심을 가지고 주의를 집중해야 할 때이다.

내기 금액 지불하기

내기에 진 사람들 가운데 19홀에 들어서자마자 내기에 건 돈을 내겠다고 말하는 사람들이 있다. 그들이 이긴 경우라면, 이런 식의 접근법은 덜 사무적이라고 할 수 있다. 그들은 손을 마주 비비면서 "좋아, 돈을 내 놔야 할 시간이죠." 혹은 "제 몫을 주셔야죠."라고 말한다. 이렇게 말한 다음 큰 소리로 웃으면서 마무리한다. 하지만 단언컨대 이들은 지불 관계를 중요하게 생각하며, 따라서 돈을 가지고 그들을 이기겠다는 생각은 아예 하지 않는 것이 좋다. 이런 식으로 사람들은 자신감과 강함을 드러내 보인다.

 더 재미있는 것은 지고 난 다음에 화를 내면서 내기 액수를 깎자고 말하는 사람들이 있다는 것이다. 이것은 이들이 당신을 마음이 약한 사람으로 생각한다는 신호이며, 따라서 당신이 그렇지 않다는 것을 분명히 보여 주어야 한다.

 게임에 지고 난 후 돈을 내지 않고 슬쩍 자리를 빠져나가려고 하는 사람들도 있다. 그런가 하면 사무적으로 당장 돈을 지불하는 사람도 있는데, 이들은 내기는 내기라고 생각하기 때문이다.

 주의해야 할 유형의 사람으로는 당신에게 내기 액수를 깎아 주겠다고 말하는 사람들이다. 이들은 당신이 깎아 준 금액보다 더 크게 한턱 낼 것이라고 생각하면서 10달러 정도 깎아 주겠다는 제안을 한다.

 주의해야 할 또 다른 유형의 사람으로는 이긴 금액이 50달러인데도 불구하고, 52달러라고 주장하는 사람이다. 이런 유형은 스코어 카드를 갖고 와서 금액을 다시 계산하고 자신의 주장을 관철시켜 '무슨 일이 있어도 받아 내려는' 사람이다. 당신이 옳다면 입장을 분명히 고수해야 한다. 하지만 그리니, 샌디, 버디 그리고 바키와 같은 매치에서 있었던 모든 기록들을 다시 점검해야 한다면, 그에게 2달러를 주고 기록을 지우도록 한다.

누가 한잔 사는가?

당신이 게임에서 이기고 지고에 상관없이, 프라이비트 클럽으로 상대방을 초대한 입장이라면 술을 사겠다는 제안을 한다. 시간을 들일 만한 가치가 있고, 또 시장기를 느낀다면 저녁 식사를 내겠다고 말한다. 상대방이 메뉴에서 어떤 음식이든 선택하도록 한다. 그리고 기억한다. 현명한 사람은 탐욕스러워 보일 수 있기 때문에 가장 비싼 음식을 고르지 않으며, 소심해 보일 수 있기 때문에 가장 싼 음식을 주문하지도 않는다.

대부분의 프라이비트 클럽에서는 현금을 받지 않는다. 회원은 바, 레스토랑 그리고 프로 샵에서 사인을 해야 한다. 퍼블릭 클럽에서는 누구나 현금을 지불하거나 카드를 사용할 수 있다. 게임에서 이긴 사람이 후한 사람이라 하더라도, 기회가 왔다는 듯이 너무 많은 것을 주문하지 않는다. 몇 잔 더 하고 싶다면, 그 계산은 당신이 하겠다는 것을 분명히 한다. 하지만 어떤 경우에도 술에 취하여 스스로 입장을 난처하게 하는 일이 있어서는 안 된다.

이긴 사람이 한 잔도 사지 않는다면, 당신은 지독한 구두쇠를 만난 것으로 사업이나 개인적인 관계에서 결코 호락호락하지 않을 것이다.

대화 전략

고객을 대접하는 입장인 경우, 라운딩을 하는 동안 그가 멋진 샷을 했을 때 칭찬하는 말로 그의 기분을 좋게 만든다. 그가 특히 좋은 스코어를 거두지 못했다 하더라도, 이전에 그가 한 멋진 샷을 떠올려 그때 일을 화제로 삼는 것도 괜찮다. 그가 형편없는 플레이를 해서 칭찬할 만한 샷을 한번도 하지 않았다면, 골프가 아닌 쪽으로 화제를 재빨리 돌린다.

화제를 바꾼 후, 순전히 일에 관한 대화를 포함하여 가족, 서로가 잘 알고 있는 친구들, 비즈니스 관계 그리고 스포츠 등에 대해 이런 저런 이야기를 나눌 수 있는 시간이 되도록 한다.

적절한 팁 전략

당신이 프라이비트 클럽이나 퍼블릭 클럽으로 사업상 고객을 초대했다면, 다른 사람이 끼어 들어 조언을 하도록 놔둬서는 안 된다. 따라서 클럽의 직원들에게 주의를 기울여야 한다. 나는 이것을 몇 년 전 최고 시설의 골프 휴양지를 조성한 마케팅 기업의 책임자로부터 배웠다. 나는 그날 하루가 끝날 무렵 계산을 하기 위해 지갑을 꺼냈지만, 그는 내가 한 푼도 내지 못하도록 했다. 〈골프 매거진〉에 그의 회사에 관한 글을 쓰기로 되어 있었기 때문에 플로리다 코스를 방문해 있던 참이었다. 그는, "그러지 말게, 존. 나는 나의 고객이 돈을 지불하도록 만들지는 않네."라고 말했다.

이 방침은 당신의 뜻대로 일이 되어 주지 않은 경우에도 마찬가지로 적용되어야 한다. 당신이 그를 초대하고 그와 내기 골프를 했으므로, 당신이 팁을 부담하는 것은 당연하다. 더구나 당신의 이런 호의적인 행동은 나중에 보답이 되어 돌아올 것이다. 당신의 고객에게 그날의 플레이가 만족스럽지 못했다 하더라도, 그는 당신이 좋은 사람이라고 느끼고 실제로 당신이 성공하도록 도와 줄 수 있는 누군가에게 소개시켜 주고 싶다고 생각할 수 있다.

작별을 위한 규칙

19홀이 끝난 후에도 당신이 해야 할 일을 끝까지 마무리하는 것이 중요하다. 예를 들면, 고객에게 클럽에서 나가는 길을 가르쳐 준다든지 적절한 태도로 작별 인사를 하는 것 등이 그것이다.

돌아가는 길

당신의 파트너가 클럽에서 나가는 길을 알고 있는지 확인한다. 나는 이전에 익숙지 못한 클럽에서 길을 잃었던 적이 있었는데, 유명한 윙드 풋 GC에서 나오는 길을 찾지 못해서 안개가 자욱한 도로에서 차를 몰고 몇 번이나 맴돌아야 했다. 술을 몇 잔 한 뒤, 내가 나가는 길을 알고 있을 것이라고 생각하고는 초대한 사람이 그냥 가 버렸던 것이다. 나는 길을 묻기가 쑥스러워서 혼자 방향을 찾느라 더 애를 먹었지만, 당신은 그래서는 안 된다.

작별인사하기

누군가를 처음으로 만났을 때 하는 것과 마찬가지로 작별인사에도 방법이 있다. 기분 좋게 하루의 골프를 즐긴 후, 당신이 그를 알게 되어 얼마나 기뻐하는지를 상대방이 느낄 수 있도록 한다. 똑같은 기분이라면 상대방이 하는 말과 악수를 나눌 때의 느낌으로부터 이를 알 수 있다.

그 사람이 좋은 맞수라고 생각된다면, 다시 그와 플레이하고 싶다는 바람을 말하고 날짜를 제안하거나 나중에 그에게 전화를 하겠다고 말한다. 그리고 당신의 제안에 대해 그가 어떻게 반응하는지 관찰한다.

라운딩 후에 분석하기

하루의 골프가 끝나고 파트너가 집으로 떠난 다음, 충분한 분석을 하고 관찰한 것을 기록해 두는 것이 중요하다. 함께 플레이했던 사람과 더 이상 미래가 없다고 여겨진다면 이런 수고를 할 필요는 물론 없다. 하지만 그 사람과 관계를 지속시켜야 할지 어떨지 확신이 들지 않거나 당신의 '읽기'가 정확한지 분명히 확인하고 싶거나 혹은 앞으로 참고 자료로 기록해 두어야겠다는 생각이 든다면, 관찰 내용을 반영하는 기록을 남겨 두어야 한다.

시간이 허락된다면 클럽하우스 내의 조용한 곳을 찾아 이 작업을 하고, 여의치 않다면 집으로 가져와서 기록해도 된다. 중요한 것은 그날의 기억이 뇌리에 생생하게 남아 있을 때 분석 작업을 해야 한다는 점이다. 기록이 잘되어 있을수록 후에 그 사람과 다시 만나기로 되어 있을 때—골프 약속이든 아니든—이 자료가 도움이 된다.

기본 프로필

기억에 의존하지 마라. 작은 수첩에 함께 플레이한 사람에 대한 기본적인 정보를 다음과 같이 기록해 두는 것부터 시작하여 상세한 내용을 기록해 간다.

(표)
라운딩 날짜 _____ 코스 / 클럽 _____
☐ 개인적인 관계   ☐ 비즈니스 관계   ☐ 일반적인 관계
파트너 이름 _____
성별 ___ 직업 _____
☐ 미혼   ☐ 기혼   ☐ 이혼(이혼 횟수) _____
생일 _____
자녀들 이름 _____
기호(가장 좋아하는 운동, 취미, 와인, 담배, 레스토랑)?
_____

그와 그의 배우자가 좋아하는 예술 분야는?
_____

자녀들은 무엇을 좋아하는가? _____
_____

가족 모두가 골프를 하는가? _____
가입한 클럽 _____
차가운 성격인가, 아니면 따뜻한 성격인가? _____
_____

그는 '나'에게 더 관심이 있는가, '우리'에게 더 관심이 있는가?
_____

그는 정직한가, 그렇지 못한가? _____
그는 유머 감각이 있는가(그가 당신이 한 골프 유머를 좋아하는지, 형편없는 샷을 그냥 웃어 넘겼는지 되새겨 본다)?
_____

그는 앞에서 이끄는 타입의 사람인가, 아니면 따라오는 타입인가, 남의 말에 귀를 기울이는가, 그렇지 못한가? _____
그는 시선을 마주치는 데 능한가, 보통인가 아니면 시선을 피하는 쪽인가? _____
그는 지적이라기보다는 세상물정에 밝은 사람인가?
_____

그의 사업적 감각은 양호, 아주 양호 혹은 뛰어남 어느 쪽이었는가? _____
그는 자신의 행동을 책임지는 타입인가, 아니면 다른 사람을 비난하는 타입인가? _____

성격 분석

분석을 함에 있어, 앞에 나온 양식을 이용하고 다음과 같은 질문을 스스로에게 해 본다(공책 한 권을 따로 마련하여 당신이 한 대답을 기록한다). 대답할 때는 항상 그 사람의 코스에서 행동을 돌이켜 보아야 한다. 몇 초 이내에 당신이 찾고 있는 답을 구하게 될 것이다.

차가운 성격인가, 아니면 따뜻한 성격인가? 그가 클럽의 직원들이나 웨이터를 어떻게 대했는지 상기한다.

그는 '나'에게 더 관심이 있는가, '우리'에게 더 관심이 있는가? 대화 속에서 그가 '나'라는 말을 얼마나 자주 사용했는지 상기한다.

그는 정직한가, 그렇지 못한가? 그가 규칙을 몇 차례나 위반했는지 혹은 스코어를 속였는지 상기한다.

그는 유머 감각이 있는가? 그가 당신이 한 골프 농담을 좋아하는지 형편 없는 샷을 그냥 웃어 넘겼는지 되새겨 본다.

그는 앞에서 이끄는 타입의 사람인가, 아니면 따라오는 타입인가, 남의 말에 귀를 기울이는가, 그렇지 못한가? 그가 새로 만난 사람들과 어울려 이야기를 나누는 것을 편하게 여겼는지 되새겨 본다. 그 다음 그가 무리를 따라 움직였는지 아니면 좌중을 주도했는지 상기한다. 그가 말을 멈추고 다른 사람이 이야기하는 것을 들었는지 그리고 다른 사람들의 견해에 진심으로 귀를 기울였다고 할 만한 예가 있었는지 기억한다.

그는 시선을 마주치는 데 능한가, 보통인가 아니면 시선을 피하는 쪽인가? 연습용 티, 카트, 그리고 점심을 함께 먹을 때 당신과 눈이 마주친 경우를 상기한다.

그는 지적이라기보다는 세상물정에 밝은 사람인가? 당신이 화제를 골프에서 예술이나 당신이 읽었던 책 쪽으로 바꾸려고 했을 때 어떻게 반응했는지 상기한다.

그의 사업적 감각은 양호, 아주 양호 혹은 뛰어남 어느 쪽이었는가? 그가 '실제' 사실과 실제 숫자, 세제 혜택 그리고 이윤을 창출할 수 있는 아이디어를 열거할 만한 능력이 있는지 상기한다.

그는 자신의 행동을 책임지는 타입인가, 아니면 다른 사람을 비난하는 타입인가? 잘못된 샷이 나왔을 때 혹은 당신이 한 조언이 즉각적으로 효력을 발휘하지 못했을 때 어떻게 반응했는지 상기한다.

끝까지 추구하되 정확하게 조준하라

나의 절친한 친구 가운데 뉴욕 증권거래전문가로 일하는 친구가 있는데, 그는 분명한 업무상의 발전 가능성이 있다는 판단이 드는 잠재 고객의 신뢰를 얻는 데 탁월한 재능을 가지고 있다. 이 친구는 다음 골프 약속이 될 때까지 기다리는 법이 없다. 함께 플레이한 상대방이 마음에 들면, 그에게 선물을 하여 상대방을 놀라게 한다. 그는 뉴욕 양키즈 팀 경기의 VIP석 티켓이나 연극의 로얄석 티켓을 선물한다든지, 혹은 뉴욕 최고의 레스토랑에서 저녁 식사를 대접하고 그의 어린 자녀들에게는 팝스타들의 사인이 든 사진을 보낸다. 그는 비즈니스 관계를 만들기 위해서는 무슨 일이든 한다. 좀 억지스럽게 들릴지 모르지만, 비즈니스 세계에서는 이렇게 하는 것이 마찬가지로 그 고객을 얻고 싶어하는 경쟁자를 이기는데 확실한 도움이 된다.

당신은 해냈다! 골프를 통해, 당신은 재정적으로나 사회적으로 인생을 바꿔 놓게 될 밝은 미래를 추구할 수 있는 희망을 갖게 된 것이다. 그리고 당신은 지금까지 왜 실패했는지 그리고 상대방을 불쾌하게 만드는 행동에 대한 생생한 교훈을 배웠다. 다음에 누군가와 골프 라운딩을 하기 위해 만났을 때, 당신은 적극적인 관계를 모색할 수 있게 된 것이다.

| 역자 후기 |

　골프. 언제부턴가 우리 가까이 성큼 다가왔다. 스포츠 뉴스에서도 빠지지 않는다. 버디, 언더파, 오버파라는 골퍼 용어들이 별로 낯설지 않게 들린다.
　우리 나라 출신의 유명 프로골퍼들이나 세계적인 프로골퍼들을 서너 명쯤 꼽지 못할 사람도 드물다. 이렇게 골프가 우리에게 친숙한 스포츠가 된 것은 불과 몇 년 전의 일이다. 우리 나라 출신의 프로골퍼들이 세계적인 굵직굵직한 대회에서 우승을 했다든지, 상위 몇 위에 올랐다든지 하는 보도가 심심찮게 날아들면서부터 인 듯싶다.
　근데, 한 가지 의문이 생긴다. 스포츠 종목 가운데 하나일 뿐인 골프를 기업경영, 대인관계라는 영역과 굳이 연관지으려는 시도가 끊이지 않는 것은 무슨 연유일까? 나는 골프가 아닌 어떤 스포츠에서도 이런 시도를 보지 못했던 것같다. 축구와 기업경영 혹은 야구와 인간관계라는 테마로 나온 서적을 본 적이 별로 없으니 말이다. 축구를 하면서 이렇게 행동하지 않도록 유의하라든지 아니면 안타를 날리면 상대방이 어떻게 행동하는지 눈여겨보라든지 하는 식의 말을 들어 본 적이 있는가?

이것은 내가 직접 이 책을 번역하면서 언뜻언뜻 뇌리를 스쳤던 의문이다. 골프라는 것이 워낙 정확한 동작을 요하고, 보기에는 그리 어렵지 않아 보이는데 복잡하기 이를 데 없는 과정이 눈 깜짝할 사이에 순간적으로 일어난다. 바로 이런 점 때문에 많은 사람들이 골프에 매료되는지 모르겠다. 그렇다면 골프와 인간경영은 무슨 관계가 있을까? 넓다란 그린, 마치 야외 나들이라도 나온 것 같은 한가롭게 다니며 클럽을 휘두르는 사람들, 클럽이 바람을 가르는 소리, 가끔씩 들려오는 탄성…… 이 가운데 어떤 부분이 인간경영과 맥이 닿아 있을까?

그것은 아마 골프를 하는 동안 두 사람이 서로 끊임없이 교감을 나눌 수 있기 때문일 것이다. 좋은 의미에서든 아니면 그렇지 않은 경우이든…… 나와 상대방이 서로 플레이 파트너가 되어 1:1로 진행되는 게임, 지극히 정확성을 요하는 샷, 몇 시간 동안 계속되는 라운딩, 다른 제3자가 끼어 들 여지가 전혀 없는 넓은 그린. 이 속에서 둘은 서로를 온전히 지켜보면서 마음속의 이야기를 조심스레 끄집어내고, 상대방의 눈빛과 행동을 살피고, 권투시합에서 마치 가볍게 잽을 날리며 상대방을 탐색하듯, 그린 위에서도 보이지 않는 잽이 오간다.

스스로를 내보이며 동시에 상대방의 보이지 않는 모습까지도 느낄 수 있다. 그래서 골프는 결코 겉으로 보듯 그렇게 여유로운 스포츠가 아니다. 작자도 그린을 '야외 사무실'이라고 하지 않았던가. "그를 알려면 골프를 같이 해 보라."는 말도 공연히 나온 말이 아니다.

〈이것이 골프 경영이다〉를 번역하면서, 나는 골프와 인간관계를 참 쉽고 자세하게 적어 놓았구나 하는 생각을 줄곧 했다. 작가 안드리사니는 그 자신 뛰어난 골퍼이자, 골프에 관한 글을 20년 가까이 써 온 작가이다. 골퍼와 인간관계를 연관시켜 기술하기에 그만큼 적당한 사람을 찾기도 어려울 것이다. 골프를 자신의 성공적인 대인관계의 '야외 사무실'로 활용하고자 하는 사람이라면 꼭 이 책을 읽어 볼 일이다.

더 이상 골프는 멋진 샷을 구사하고 맘껏 좋아할 준비만 하면 되는 대상은 아닌 듯싶다. 이에 동의하지 않는 사람은 아마 아직 골프 라운딩의 이면에 흐르는 보이지 않는 기류를 느낄 만큼 경험이 많지 않거나, 내가 어떤 사람으로 '읽혀지든' 혹은 나의 플레이 파트너가 어떤 유형의 사람인지 '읽고' 싶은 마음이 없는 사람일 것이다. 그것도 어쩌면 괜찮은 일이다. 계속 그렇게 아무 것도 모른 채 지나갈 자신이 있다면 말이다.

한정은